KB105576

불황에도
팔리는 것들의
비밀

****

불황에도
팔리는 것들의
비밀

임유정 지음

****

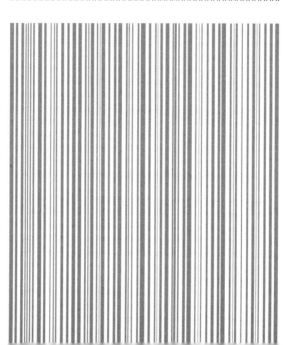

활로는 반드시 있다

⦚⦚ 장기 침체가 예견된 한국

장보기가 무서운 요즈음이다. 뭐 하나 오르지 않은 것이 없다는 주부들의 한탄은 결코 빈말이 아니다. 현재 물가를 2010년과 비교해보니 13년 새 50개 품목이 46.2% 상승했다. 체감 물가와 밀접한 가공식품은 61.7%나 치솟았다. 서민들의 입에서 먹고 살기가 너무 힘들다는 말이 절로 나올 수밖에 없다.

소비자가 지갑을 닫으니 기업과 소상공인도 어렵기는 마찬가지다. 신제품을 내놓아도, 할인을 해봐도 팔리지를 않는다. 급등하는 전기

요금과 가스요금에 원가를 생각하면 판매가도 인상해야 할 텐데 함부로 올리기에는 후폭풍이 두렵다. 빚으로 버티고 있다는 비중이 심상치 않고, 일부 소매상은 매출을 포기하는 대신 운영비를 줄여보고자 영업 시간을 단축하는 지경이다.

더 큰 문제는 향후 경제 전망도 그다지 밝지 않다는 점이다. 그동안 '상저하고'라고 하여 상반기에는 저조하더라도 하반기에는 다시 성장세를 보일 것이라 전망해왔지만 막상 때가 되어 보니 낙관할 수 있는 상황이 아니다. 자칫하면 우리 경제가 사상 처음으로 2년 연속 1%대 성장률을 기록할 판이다. 장기 저성장 국면으로 진입할 가능성이 높아졌다는 뜻이다.

앞날을 예측하기 위해 과거를 휩쓸었던 몇 번의 경제 위기를 떠올려보자. 너 나 할 것 없이 구조조정을 감행했고 자영업자는 온몸으로 충격을 받아 쓰러졌다. 대기업도 부도가 나는 마당에 중소기업과 동네 가게의 폐업은 예삿일이었다. 지금과 같은 경기 침체 상황이 지속된다면 과거와 같은 일이 충분히 재현될 수 있다.

▓ 살아남거나 사라지거나

하지만 최악의 상황에서도 반드시 살아남거나 역으로 성장한 사례는 분명히 존재한다. IMF 외환 위기 시절 입지를 다진 국민 분식점 '김밥천국'이 대표적이다. 모두가 한 푼이 아쉬웠던 시절 김밥천국은 1,000원짜리 한 장에 끼니를 든든하게 해결할 수 있는 저가형 김밥을 만들어 내놓으면서 소위 '대박'을 쳤다. 지금이야 비슷한 프랜차이즈가 우후죽순 늘었고 먹거리가 다양해졌지만 당시만 해도 '혁명'이라는 꼬리표가 붙을 정도로 인기를 끌었다. 이유는 간단하다. 불황에 맞는 전략을 썼기 때문이었다.

테이프의 대명사 '스카치'가 대공황 당시 3M의 구명줄이 되어주었던 일도 있었다. 지갑이 얇아지자 사람들은 망가진 물건을 버리지 않고 고쳐서 쓰기 시작했다. 그러다 보니 종이부터 플라스틱까지 쉽고 저렴하게 수리해주는 스카치 테이프의 수요가 크게 늘었다. 새 제품을 사거나 외부 업체에 맡겨 수선하는 대신 집에서 간편히 해결하려는 소비자의 니즈는 경기가 좋지 않을 때면 항상 발견되고는 한다. 김밥천국과 3M에서 알 수 있듯이 마케팅 전략은 한 기업을 살아남게 할수도, 사라지게 할 수도 있다.

이 책의 목표가 그것이다. 불황에 살아남는 혹은 성장하는 방법을 찾는 것. 혼자 싸워야 하는 수많은 기업인과 소상공인에게 작은 힘이 되는 것. 이를 위해 이 책에는 최대한 다양하고 효과적이며 검증된 마케팅 전략을 담았다. 제품을 생산·개발할 때 고려해야 할 포인트, 계층별 소비자를 사로잡기 위한 아이디어 등 수많은 기업의 성공 공식을 사례 위주로 풍성하게 담았다. 이 외에도 불황 속에서 유독 굳건한 시장에 대해 조명하고, 이 틈새시장을 공략해 성공적으로 안착하기까지의 과정과 비결을 분석했다.

지금은 누구에게나 힘든 시기다. 기댈 곳 없는 중소기업과 소상공인에게는 이번 경제 한파가 더욱 매서울 수밖에 없다. 역사를 통해서 배운다는 말처럼, 과거 불황을 이겨낸 전략을 통해 지혜와 교훈을 얻어야 한다.

2023년 9월

임유정

차례

1부

원가는 오르는데 판매가는 높일 수 없는 딜레마

원가는 오르는데 판매가는 높일 수 없는 딜레마

****

못난이 과일, 리퍼, 전시품…
B급의 재발견

▌▌▌ 단돈 100원이 무서운 소비자

최근 불황이 매섭다. 코로나 시기에는 "이 고비만 넘기면 숨통이 트이겠지"라며 버텼는데 되돌아보니 차라리 그때가 호황이었나 싶다. 정부에서 준 보조금을 쓰기 위해 동네 미용실과 안경원을 찾고 고깃집에서 밥을 먹던 소비자들이 꿈쩍도 하지 않는다. 경기가 얼어붙었다며 모두가 아우성이다. 그중에서도 가장 두려운 것은 자영업자들일 것이다. 가격을 원가 이하로 내릴 수도 없고, 품질을 뚝 떨어뜨리자니 동네 장사인데 단골이 끊길까 걱정이다. 중소기업도 비슷한 처지다. 대기업처럼 마케팅에 큰돈을 들일 수도 없는데 이 상황을 어찌 헤쳐나가야 하나 한숨만 나온다. 하지만 불황 속에서도 살아남는 기업은 있다. 심지어 성장하는 기업도 반드시 있다. 지난 IMF에도 그랬고, 서브프라임 모기지 사태에도 그랬다. 그들에게는 어떤 비밀이 있을까?

불황을 이기는 첫 번째 법칙은 가격이다. 소비자는 가격에 민감하다. 하물며 불황에는 단돈 100원을 아끼기 위해 10분을 걸어가기도 한다. 지금보다 더 싸게 팔 방법이 없다고? 방법은 찾으면 있다. 바로 B급 제품에 눈을 돌리는 것이다. 어떤 공장에서든 불량품은 나오기 마련이다. 제대로 완성되지 않았든 흠집이 생겼든, 불량으로 분류되면 버려지는 경우가 대부분이다. 농산물도 마찬가지다. 마트 진열대에 놓인 탐스러운 야채와 과일은 '못난이 농산물'로 추려진다. 유엔식량농업기구FAO에 따르면 해마다 전 세계 농산물의 3분의 1이 수확 직후 버려진다. 이는 연간 13억 톤, 약 6,800억 달러에 달하는 규모다. 크기가 너무 작거나 커서, 울퉁불퉁해서, 작은 상처가 있어서가 대부분이다. 성능이나 품질이 멀쩡한데도 미관상의 이유로 물건이 버려지는 것이다.

그러나 이처럼 폐기될 위기의 B급 상품이 환영받는 날이 왔다. 천정부지 치솟는 물가에 한 푼이라도 아끼려는 소비자들의 마음이 '짠물 소비'로 발현되고 있기 때문이다. 하루 지출을 극단으로 줄이는 사람이 크게 늘면서 프리미엄 상품 판매를 지향해 온 유통업계 풍경도 사뭇 달라졌다. 대형마트의 '알뜰 매대'가 소비자들의 단골 장보기 코스로 새롭게 탈바꿈했고, 과거에는 거들떠보지 않던 이른바 '못난이' 상품은 없어서 못 살 정도로 인기다. 이전까지는 가치가 없다고 평가 받았으나 최근에는 가성비(가격 대비 성능의 비율) 좋은 먹거리로 등극해 '알뜰 소비족'의 선택을 받는 분위기다. 예전의 소비자들은 신선식품 하나를 고르더라도 색깔과 윤기, 모양, 흠집 등을 전부 꼼꼼히 따져 장

B급 상품의 종류

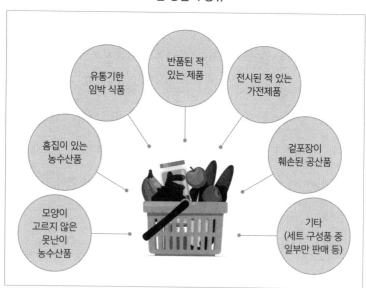

유통기한 임박 식품

반품된 적 있는 제품

전시된 적 있는 가전제품

흠집이 있는 농수산품

모양이 고르지 않은 못난이 농수산품

겉포장이 훼손된 공산품

기타 (세트 구성품 중 일부만 판매 등)

바구니에 담았다. 그런데 먹고살기가 팍팍해지자 깐깐하던 소비자들이 한층 너그러워졌다. 고물가에 식재료비 부담이 늘면서 소비자들의 소비 패턴도 크게 바뀌었다.

⫴ 못난이 전문 쇼핑몰

재미있는 사실은 못난이 농산물이 각광받자 이를 전문적으로 판매하는 인터넷 쇼핑몰도 잇따라 등장했다는 점이다. 시장에서 못난이 농산물을 추려 어려운 농가도 돕고, 고물가로 인한 경제 한파를 극복하는 데 보탬이 되려는 취지로 탄생한 업체들이 주를 이루고 있다. 과거에는 대형 유통업체나 지자체가 못난이 농산물을 대량으로 판매하는 이벤트성 행사를 종종 열었지만, 못난이 농산물만 골라 유통하는 업체들이 생긴 것은 처음이다. 관련 업체들이 하나둘 늘면서 이 시장은 더욱 폭발적으로 커지고 견고해졌다.

시기를 잘 타고 등장한 업체들은 그 혜택을 톡톡히 봤다. 못난이 농산물 쇼핑몰 A 업체는 지난 2020년 못난이 농산물 정기 구독 서비스를 국내에 처음 선보였다. 농가로부터 직접 조달한 농산물을 소량씩 포장해 문 앞까지 배송하기 시작했다. 농산물에는 이름도 붙여줬다. '갓이 크거나 작게 피었고 모양이 개성 있는 광주 출신 표고버섯', '서로 치여 멍이 조금 든 서산 출신 양파' 등 소비자를 만나지 못하고 버려질 뻔한 사연을 담았다. 그 결과, 이 업체는 사업 시작 1년 만에 회원 가입자 수 1만 명을 돌파했고, 2023년 7월 기준 2만여 명이 넘는 회원 수를 보유하는 등 대박을 치게 됐다. B 업체는 새벽 배송 전략과 함께, 배송된 채소로 요리할 수 있는 레시피를 함께 제공했다. 여기에 채솟값을 얼마나 절약했는지 알 수 있도록 매주 채소 시세를 업데이트했다. 그러자 이를 눈여겨보던 식품 기업들의 협업 러브콜이 쇄도하는 효과를 얻었다.

못난이 농산물의 인기는 뷰티업계의 움직임도 바꿔놨다. 같은 시기 '푸드 리퍼브Food Refurb' 움직임이 활발해졌다. 푸드 리퍼브란 음식 Food과 재공급품Refurbished의 합성어다. 맛과 영양에는 문제가 없지만 모양이나 크기 등 외관에서 상품성이 떨어진다는 이유로 버려졌던 식품을 구매하거나, 그 농산물을 활용해 새 식품 또는 제품으로 재탄생시키는 것을 말한다. 치솟는 물가와 함께 못난이 농산물이 주목을 받으면서 이를 원료로 한 화장품도 불티나게 팔리기 시작했다. '먹지 말고 피부에 양보하세요'라는 슬로건을 내걸고 나온 업체들의 제품이 소비자들의 손에 선택받기 시작했다. 특별한 광고를 하지 않아도 제품 자체가 마케팅 효과를 가져왔다. 소비자들의 입소문은 곧 광고판

역할을 했다. 환경오염과 사회적 비용을 줄이고 농가의 소득은 늘리는 일석삼조의 효과를 가져올 것이라는 기업의 판단과 소비자들의 똑똑한 선택은 매출로 증명이 났다.

위 사례들은 불황이 빚어낸 '긍정 신호탄'으로 분석된다. 그간 평가절하돼 왔던 상품이 고물가 현상과 함께 다양한 가치로서 인정받게 된 것이다. 통상 물가가 치솟을 때는 소비자들이 지갑을 닫는다. 이럴 때에는 돈을 모으는 것도 중요하지만 지출을 줄이는 것이 돈을 버는 길이라고 생각하기 때문이다. 하지만 지출을 반드시 해야 한다면 똑똑한 소비가 필요하다. 이런 소비자들의 심리를 건드리고 그들의 마음을 움직인 업체들이 결국 소비자들의 지갑을 열게 한다. 이미 '알뜰족'들은 비싼 제품보다는 부담 없이 구매할 수 있는 리퍼브 숍을 찾거나 상품성이 떨어지는 것을 보다 저렴하게 구매하는 '지출 다이어트'를 실천하고 있다. 이는 차세대 소비 주체인 MZ세대(1980년대 초~2000년대 초 출생)들을 중심으로, 가치가 있는 곳에 소비를 하는 미닝아웃Meaning Out(가치소비) 트렌드가 뚜렷하게 나타나는 현상과도 맞물린다.

▥ 고물가 시대에는 미끼상품에 움직인다

"그렇다고 B급 상품만 팔 수는 없는데요?"라거나 "저희 업계에서는 B급 상품이라는 게 잘 없는데요?"라고 반문한다면 싸게 공급하기 위한 또 다른 전략을 알아보자. 바로 미끼상품이다. 물가상승과 함께 2022년 여름 고물가 속 유통가를 달군 키워드는 '반값 먹거리'였다. 대형마트는 이 시기 반값 기획전을 열고 미끼상품으로 고객몰이를 하기 시작했다. 실속 제품을 찾는 소비자를 노린 가성비 상품 출시를 대폭 확대했다. 2022년 6월 홈플러스의 '당당치킨'을 시작으로 유통업체들이 '반값 치킨'을 잇따라 내놓으며 알뜰소비자들을 겨냥한 게 대표적인 예다. 급격한 물가상승에 용량이 크거나 저렴한 먹거리를 찾는 소비자가 늘자 대형마트 업체들은 너나 할 것 없이 기존 프랜차이즈 치킨 가격의 절반 값인 반값 치킨을 선보이며 오픈런(매장의 문이 열리자마자 뛰어가서 구매하는 것) 현상까지 만들었다. 소비자들은 값싼 치킨을 구입하기 위해 대형마트를 찾아 줄을 서기 시작했고, 매일 치킨 매대 앞은 쇼핑카트 부대로 복작거렸다. 급기야 중고 거래 플랫폼에 구매한 치킨을 판매하는 글이 올라오기도 했다. 이처럼 반값 치킨이 폭발적인 인기몰이를 하면서, 이를 벤치마킹한 대형마트 저가 상품은 우후죽순 쏟아졌다. 피자는 물론 탕수육까지 업계를 휩쓸었다.

대형마트의 반값 먹거리는 일종의 '미끼상품'으로 통한다. 저렴한 치킨을 홍보함으로써 고객들을 매장에 방문하게 하고 추가적인 소비를 이끌어 내는 역할을 한다. 대형마트가 반값 상품을 내놓을 수 있는 이유는 재룟값을 비롯해 고정비인 임대료, 인건비 등을 상대적으로 아낄 수 있어서다. 가장 중요한 재료인 닭 역시 '규모의 경제'로 대량 구매해 직접 매입하기 때문에 프랜차이즈처럼 납품 단계별 마진이 붙지 않는다. 달리 말하면 물류비용 측면에서도 절감 효과가 크다. 가맹비와 마케팅 비용에서도 차이가 난다. 프랜차이즈 치킨은 유명 광고 모델을 내세우지만, 마트 치킨은 별도로 광고하지 않는다. 대형마트의 치킨과 프랜차이즈 치킨은 원가 개념 자체가 다르다. 쉽게 말하면 치킨이 판매의 주가 되는 치킨업계와는 단순 비교가 어렵다. 그럼에도 이런 부분을 적극 활용하니 소비자들은 열광한다.

물론 소비자 입장에서 유의해야 할 사항도 있다. 마트 치킨의 경우 한정된 양을 구매하기 위해 직접 방문해 줄을 서야 하고, 배달도 되지 않는다. 추가로 프랜차이즈 치킨과는 달리 절임 무나 소스, 음료도 함께 제공되지 않는다. 이런 단점에도 소비자들은 환영의 박수를 보내는 눈치다. 고물가 시대에 다양한 가성비 상품이 유통업체를 통해 경쟁적으로 출시되면서 가격은 물론 품질도 한 단계 업그레이드되는 계기가 됐다고 바라본 것이다. 특히 최근 가파른 물가상승으로 소비자

지출 부담은 배가 됐다. 반값 제품의 등장은 소비자들의 선택권을 넓히고 합리적인 소비를 유도한다는 점에서 긍정적인 평가를 받는다. 기존 브랜드가 이에 대응하기 위해 차별화 전략에 힘을 기울이면 시장도 더 활성화되는 효과를 가져올 수 있다. 모두가 가격을 끌어올리기 바쁜데 반값에 팔겠다고 하니 소비자 입장에서는 찾아 먹을 수밖에 없다. 외식업계 관계자들은 앞으로도 한동안 반값 먹거리가 각광을 받을 것으로 바라보고 있다. 전문가들 역시 반값 먹거리의 등장을 계기로 기업들이 마케팅 비용을 줄이고 소비자들에게 보다 합리적인 가격에 음식을 선보여야 할 때라고 입을 모으고 있기도 하다.

▥ 유통기한 임박 상품도 OK

불황기의 소비자가 가격에 얼마나 민감한지 보여주는 사례가 있다. 바로 '유통기한 임박 상품'이다. 고물가에 부담을 느낀 소비자들이 대형마트의 반값 먹거리와 함께 유통기한이 임박한 상품을 찾는 경우가 증가하고 있다. 편의점의 '마감 할인' 이용 건수를 살펴보자. 대형마트, 슈퍼에서나 볼법한 '떨이 판매'가 편의점으로까지 번지고 있는 것이 핵심이다.

2017년 스타트업 '미로'가 개발한 라스트오더 서비스가 대표적이다. 이는 이용자의 위치를 파악한 뒤 근처 식당의 마감 세일 유무와 상품 재고 수량을 보여주고, 선결제를 완료하면 이용자가 해당 매장에 방문해 음식을 찾아가는 방식으로 이뤄진다. 소수의 식당 정보 위주였던 이 서비스는 2020년 편의점 업계가 도입하면서 본격적으로 알려지기 시작했다. 점주들은 유통기한이 최소한으로 남은 도시락과 삼각김밥 등의 할인 상품을 해당 앱에 올리기 시작했다. 그러자 생각지 못한 반전이 벌어졌다. 한 끼 밥값에 부담을 느끼던 소비자들이 득달같이 몰려들었다. 주문량은 상상을 초월했다. '폐기'라고 불리기 직전인 '마감 상품'은 순식간에 팔려나갔고, 점주들이 떠안고 있던 부담도 순식간에 절반 이하로 뚝 떨어졌다. 상품 재고 부담 및 처리 비용을 획기적으로 줄여 편의점 운영의 효율성을 극대화할 수 있게 됐다.

편의점 업계에서 라스트오더에 가장 먼저 입점한 곳은 세븐일레븐이다. 2020년 2월 도입한 이후 여러 지표에서 유의미한 성과를 창출하고 있다. 세븐일레븐에 따르면 2022년 말 기준 라스트오더 서비스 운영 점포는 전국 1만여 점이다. 처음과 비교해 취급 품목도 크게 늘었다. 23개 카테고리에서 5,000여 종을 판매 중이다. 최근에는 고객들의 편의와 구매 만족도를 더욱 높이기 위해 배달 서비스까지 그 범위를 넓혔다. 세븐일레븐이 승승장구하자 CU, GS25, 이마트24도 같은 서비스를 적극 도입했다. 인기는 갈수록 거세지고 있다. 벌써 편의점에서 백화점으로까지 반경이 넓어졌다. 이후 더 많은 업체들이 참여할 것이라는 게 유통업계 관계자들의 전망이다. 이유는 간단하다. 이 서비스가 갖는 장점이 무궁무진하기 때문이다. 편의점 입장에서는 점주에게 추가 수익을 돌려줄 수 있고, 폐기물을 획기적으로 감축시킬수 있다. 또 코로나19 사태 이후 소비자가 빠르게 온라인으로 이탈하고 있다는 점에서 갖는 이점이 더욱 크다. 기업 입장에서는 자사 몰로고객을 유도하고, 궁극적으로 오프라인 매장으로 적극적으로 유입하는 것이 미래 과제인데, 이를 연계할 서비스가 될 수 있다.

더욱이 갈수록 유통기한에 대한 소비자들의 인식이 달라지고 있다는 점도 하나의 긍정 요인으로 보인다. 과거에는 유통기한이 지나면 '못 먹는 음식'으로 여겨지는 경우가 많아 버려지는 음식물 쓰레기가어마어마했다. 하지만 이제는 유통기한의 뜻을 정확히 아는 현명한소비자들이 많아졌다. 일상에서 쓰이는 유통기한이라는 단어는 말 그대로 시중에서 소비자에게 판매될 수 있는 기한을 뜻한다. 우리나라같은 경우에는 1985년에 도입됐는데, 당시에는 식품제조 기술이나 냉장 유통 환경이 그리 좋지 않았기 때문에 그때 상황을 고려해 굉장히보수적으로 정해진 것이 오늘날의 유통기한이다. 2023년을 기점으로일부 음식에 한해 소비기한을 시행하는 이유다. 또, 유통기한이 임박

한 음식을 할인가에 내놓아도 잘 팔릴 것이라는 근거이기도 하다.

이처럼 불황기의 소비자는 부지런하고 똑똑하다. 자신의 지갑을 지키기 위해서라면 세일 정보를 꼼꼼히 찾고, 유통기한과 소비기한을 구분하기 위해 공부한다. 똑똑한 소비자를 잡기 위해서 해야 할 일은 한 가지, '실속'을 챙겨주는 것이다. 불황이라지만 한 푼도 쓰지 않고 살 수는 없는 법이다. 계산기를 두드려 보고 나서 이득이 된다고 판단되면 소비자는 반드시 찾아온다.

소비자의 가격 저항에는
맞서지 말고 피할 것

▥ 상품이 '쪼그라드는' 슈링크플레이션

　인플레이션이 장기화되면서 '서비스'나 '인심'을 찾아보기 어려워졌다. 원가 상승 압박에 시달리는 자영업자들이 기본으로 제공하던 서비스의 일부를 줄이거나 아예 빼는 등 '야박하다'는 원성을 감수하고서라도 비용 절감에 나서면서다. '무료 서비스 중단'을 가장 쉽게 체감할 수 있는 곳은 식당이다. 인터넷 커뮤니티에는 밑반찬 리필을 요구했다가 추가 요금을 내야 한다는 말을 들었다는 글이 부쩍 많이 올라오고 있다. 어려워진 경영 상황에서 이윤 유지를 위한 불가피한 선택이었다지만, 일부 소비자들 사이에서는 "갈수록 인심이 사라진다"라는 불만의 목소리가 나오고 있다. 실제로 쌈 채소의 경우, 서울과 수도권의 고깃집 상당수가 리필 유료화를 이미 도입한 상태다. 일부 식당은 식자재 가격이 크게 오르면서 원가가 뛴 반찬을 아예 구성에서 빼버리거나 손님에게 리필해 주지 않고 있다. 채소 리필을 금지하는 고깃집, 돼지고기 장조림을 달걀 장조림으로 대체해 원가를 낮추는 식당도 등장했다.

또 일부 식당들은 대체제로 어려움을 극복해 나가고 있다. 국내산 대신 중국산 김치로 빠르게 바꿔나가는 식이다. 김치를 만들 때 사용되는 모든 재료의 가격이 올라 국산 김치 가격이 전반적으로 인상되면서 상대적으로 저렴한 중국 김치를 찾는 경우가 늘었다. 관세청 무역통계에 따르면 2022년 국산 김치의 가격 상승으로 김치 수입액이 사상 최대를 기록했다. 이에 따라 자영업자 100만 명이 가입한 온라인 커뮤니티 '아프니까 사장이다'에서는 값이 저렴한 국내산 김치에 대해 문의하거나 중국산 김치로 바꿀 경우 어떤 제품이 좋은지 등을 묻는 게시글이 잇따르기도 했다. 인건비를 줄이기 위해 운영되던 무한리필 반찬 코너 역시 자취를 감췄다. 여기에 환경부담금도 받기 시작했다. 음식물 쓰레기 처리 비용까지 커진 상황에서 무분별하게 음식을 남기는 고객에게 경각심을 높여야 한다는 취지다. 한정된 공간에서 테이블당 매출을 조금이라도 높이기 위해 1인 손님은 받지 않거나, 합석을 강제하는 곳도 등장했다. '1인 1메뉴' 정책을 고지하는 식당도 이제는 흔하다.

이러한 현상을 일컫는 용어가 있다. '슈링크Shrink(쪼그라들다)'와 '인플레이션Inflation'을 합친 이른바 '슈링크플레이션Shrinkflation'이다. 슈링크플레이션이란 가격은 그대로 두면서 제품의 크기나 수량을 줄이는 현상을 일컫는 말이다. 일종의 '간접 가격인상'인 셈인데, 물가가 오르는 상황에서 손님들의 주머니 사정도 고려해야 하는 업체들의 고민이 반영됐다. 가격을 유지한 상태에서 용량을 줄이는 슈링크플레이션은 다양한 장점을 갖는다. 우선 비용 절감 효과가 크다. 가격인상에 대한 소비자의 반감이나 저항을 피할 수 있을 뿐 아니라 큰 폭의 이익 창출로 이어지는 사례도 있어 여러 업계에서 자주 채택되는 방식 중하나다. 업체들은 가격을 소폭 조정해 올리는 것보다 이런 방식이 손님 지키기에 더 유리하다고 입을 모은다.

특히나 자영업자들의 다양한 고민이 담긴 묘책이기도 하다. 식당가에서는 파, 달걀, 식용유 등 주요 식재료 가격이 지속적인 상승세를 보이면서 가격인상과 이윤 포기를 놓고 고심해 왔다. 물가상승으로, 음식점을 운영하는 자영업자들은 지속적으로 고충을 토로해 왔던 것이다. 제품을 팔아 이윤을 남기기 위해서는 물가상승률을 반영해 가격을 올려야 하지만 가격인상에 대한 소비자들의 반감을 고려해야 하는 데다, 매출 하락으로 이어질 수 있기 때문이다. 불황이 장기화되면서 손님의 발길이 뚝 끊긴 가운데, 재룟값마저 천정부지로 치솟고 있다는 하소연이 절로 나오는 이유이기도 하다. 외출을 자제하고 집에서 식사를 해결하는 '집밥족'이 증가하면서 외식도 줄고 서민들의 소비 씀씀이도 감소한 상태다. 수지타산을 맞추기 위해 가격을 올렸는데 외식 경기 하락으로 인한 매출 감소는 물론 경제 상황이 더 나빠질 수 있다는 우려도 뒤따른다. 그렇다고 폐업도 어렵다. 장사를 접겠다고 마음을 먹어도 평당 수십만 원인 철거 비용과 기존 대출 상환, 세금까지 들어가 부담이 커서 실행에 옮기지 못한다. 이에 다수의 식당들이 가격은 올리지 않고 물가상승의 충격을 완화할 수 있는 슈링크플레이션을 택하고 있다.

▥ 과자 회사가 내용물을 점점 줄이는 이유

슈링크플레이션은 식당가뿐만 아니라 공산품 업계에서도 쉽게 찾아볼 수 있다. 제품의 가격은 그대로 둔 채 용량을 줄이는 방법은 기업들의 우회적인 가격인상 기법 중 가장 대표적인 사례로 손꼽힌다.

'질소 과자'를 떠올리면 이해하기 쉽다. 질소 과자는 포장의 부피에 비해 과자의 양이 매우 적은 과자를 비꼰 말로 통용된다. 내용물인 과자보다 질소가 많다는 의미로, 외환위기가 시작된 1997년부터 업체들이 원가 부담을 줄이기 위해 내용물을 줄이면서 본격적으로 거론되기 시작했다.

1998년 한국소비자원(과거 한국소비자보호원)이 발표했던 자료를 꺼내 보자. 당시 소비자원은 1998년 10~12월, 13종의 스낵류를 조사했다. 그런데 그중 6종은 내용물의 비중이 60% 이하, 7종은 70% 이하였다. 내용물이 70%를 초과하는 제품은 4종뿐이었다. 당시 소비자원은 이를 과대포장이라고 지적했지만, 그렇다고 그 이후로 내용물 비중이 높아지는 일은 거의 없었다. 용량을 늘리면 원가가 상승하고 소비자 가격을 올려야 하는데, 이를 감당할 회사는 없었기 때문이다.

가격을 올리기보다는 용량을 줄여라

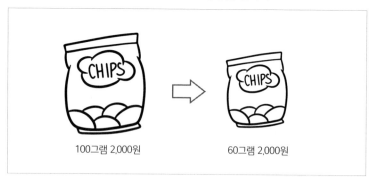

100그램 2,000원　　　　　60그램 2,000원

2022년에도 슈링크플레이션은 큰 화두가 됐다. 주요 기업들은 2022년부터 2023년 초까지 3고(고물가, 고금리, 고환율)로 악화한 경영 환경과 원부자재 가격 상승 등을 고려해 수익성 방어 차원에서 제품 가격 인상에 적극 나섰다. 그러나 일부 기업은 소비자들이 가격에 민감하게 반응한다는 점을 감안해 가격을 올리지 않는 대신 중량을 줄이는 방법을 택했다. 실제로 서울우유협동조합은 2022년 9월 토핑 요구르트 '비요뜨'의 용량을 기존 143g에서 138g으로 5g 줄였다. 농심도 같은 달 '양파링'의 용량을 84g에서 80g으로, '오징어집'의 용량을 83g에서 78g으로 줄였다. 또 같은 해 11월 오리온은 초콜릿 바 '핫브레이크'의 중량을 기존 50g에서 45g으로 5g 줄였다. 그 대신 가격은 1,000원으로 유지했다. 당시 오리온 관계자는 "경쟁사 제품과의 가격 비교, 하루 취식량 등을 고려해 가격을 올리는 대신 중량을 조정하기로 했다"라고 해명하기도 했다.

슈링크플레이션은 신제품을 알리는 미끼상품에 쓰이기도 한다. 대형마트나 백화점 식품관, 기업형 슈퍼마켓SSM에서는 종종 장바구니에 원하는 만큼의 상품을 담는 '골라 담기 행사'를 진행한다. 이 행사는 수년 전부터 유통업계를 중심으로 제조사와 함께 수시로 진행하던 마케팅 중 하나다. 소비자들은 저렴한 가격에 다량의 상품을 구입할 수 있다는 점에서 열광한다. 그러나 대부분의 골라 담기용 제품은 시중에 판매 중인 일반 제품과 성격이 조금 다르다. 용량을 낮춘 만큼 단가를 낮춰 저렴한 가격에 판매한다. 하지만 소비자들은 손해 본다고 생각하지 않는다. 한 번에 다량의 물건을 저렴하게 구매할 수 있어 '득템'이라고 여겨 구매하는 경우가 많다.

비싸진 원재료를 빼거나 수입 원재료로 대체하는 경우도 있다. 업체들은 원재료 가격이 올라 어쩔 수 없다는 입장이지만, 소비자들은 눈속임이라고 비판한다. 맥도날드는 2022년 9월, 이상 기후로 인해 양상추 가격이 급등하자 일부 매장에서 양상추를 평소보다 적게 제공하거나 아예 제공하지 않고 '무료 음료 쿠폰'을 제공하는 것으로 위기를 넘겼다. 양을 그대로 두는 대신 값싼 재료로 바꾸는 경우도 있다. 즉석밥을 예로 들어보자. 2023년 초 일부 식품 기업은 즉석밥에 들어가는 쌀에 국산 쌀의 3분의 1 가격인 미국산 쌀을 섞어 판매했다. 쌀과자를 만드는 제과업체들도 일찌감치 쌀 원산지를 외국산으로 대체해 왔다.

물가상승이 전 세계적 현상인 만큼 이런 현상은 국경을 가리지 않는다. 미국에서도 슈링크플레이션은 일상화됐다. 틱톡, 유튜브 등에 '#shrinkflation'을 검색하면 관련 영상이 다수 올라와 있다. 미국의 한 소비자는 스낵바 크기 비교 영상을 올리기도 했다. 또 슈링크플레이션에 대한 이슈가 뜨겁게 달아오르자, 2022년 11월 미국의 유력 매체인 〈워싱턴포스트〉는 "인플레이션으로 초콜릿과 사탕 상자의 크기가 점점 작아지고 있다"라며 "제품에 들어가는 칼로리를 낮출 정도"라는 내용의 이야기를 비중 있게 다루기도 했다.

가격을 상승하는 대신 상품이나 서비스를 바꾸는 작업은 먹거리 외의 다양한 업종에서 감지된다. 기업들이 치솟은 비용을 소비자 가격에 직접 반영할 경우 소비자 반발이 일어날 것을 우려하기 때문이다. 용량을 줄일 것이 없는 업종은 기존에 공짜로 제공하던 서비스를 없애면 그만이라고 생각할 수 있겠지만, 허리띠를 졸라매야 하는 기업들은 별별 꼼수를 쏟아내고 있다. 예를 들어 월세는 놔두고 관리비를 큰 폭으로 올리는 방식이 대표적이다. 이는 서비스 업계에도 적용이 된다. 미국 〈월스트리트저널〉에 따르면 호텔의 경우 이용료는 그대로 놔둔 채 객실 침대의 시트 교체주기를 줄이거나 아침 식사를 간단한 스낵으로 바꾸고, 편의시설을 운영하지 않는 식으로 서비스를 줄여 사실상의 가격인상을 구사하고 있다고 밝혔다.

▒ "짜장면이 무슨 만 원이야?"

소비자들의 구매 행동을 심리학적으로 분석하여 가격을 결정하는 방법을 '심리적 가격 결정Psychological Pricing'이라 한다. 상품의 경제적 가치보다는 가격이 갖는 심리적 효과를 고려해 가격을 결정한다. 대표적인 유형을 몇 가지만 살펴보자. 슈링크플레이션에 대한 이해가 한층 쉬워질 수 있다. 일상에서 먹는 김치찌개, 과자, 빵 등 음식의 경우 대부분 '관습 가격Customary Pricing'을 채택하는 경우가 높다. 관습 가격이란 특정 상품의 가격을 해당 기업이 독자적으로 책정하기보다는 사회적으로 통용되고 있는 수준으로 책정하는 것을 일컫는다. 대부분의 소비자들이 '이 상품의 가격은 얼마'라고 인식하고 있고, 관념으로 그 가격이 고정되어 바꾸기가 어려운 경우를 말한다. 이처럼 소비자들이 관습적으로 인식하고 있는 가격은 시장변화나 원재료나 임금 등 원가상승 요인이 발생해 추가적인 가격인상을 단행하는 경우에 큰 불만을 야기할 수 있다. 이른바 '서민식품'이라 불리는 라면, 치킨 등의 가격인상이 쉽지 않은 까닭이다.

최근 한 예능 프로그램에서 시작된 '전통과자 가격 논란'을 떠올려 보자. 예능 출연진이 지역 축제 현장에 찾아가 전통과자를 사 먹었다. 가판대에 깔려있는 과자를 이것저것 골라서 봉투에 담은 후 무게를 달아 가격을 확인했는데, 한 봉투에 7만 원이 나왔다. 출연진이 깜짝 놀라는 모습이 방송을 탔고 시청자들을 중심으로 논란이 커졌다. 이 일이 큰 사건으로 번지게 된 데에는 여러 원인이 있었다. 다양한 가격

'이 물건은 이 정도 가격이지'라는 관습가격

의 과자를 가장 비싼 품목을 기준으로 산정했다는 문제나 정찰제가 도입되지 않아 소비자 입장에서 불편하다는 등의 문제였다. 하지만 근본적으로는 "과자가 7만 원이나 한다고?"라는 당혹스러움이 깔려있다. 소비자가 느끼는 관습 가격을 뛰어넘었던 것이다.

이처럼 껌, 초콜릿, 스낵, 라면 등은 관습 가격의 영향을 크게 받는다. 모든 경쟁업체들이 과자 한 봉에 1,000원을 받고 파는데, 새로운 과자를 판매하기 시작하는 기업체가 판매가격을 1,300원으로 정한다면, 유통업체들과 소비자들에게 심리적 저항을 유발할 가능성이 높다. 따라서 동일업종 내 경쟁업체들과 같거나 비슷한 가격을 책정하는 것이 일반적이다. 원자재 가격 상승으로 인해 가격인상이 필요한 상황에서도 기업은 가격을 쉽사리 올리지 못한다.

한 연구에 따르면 소비자는 일반적으로 상품의 양이 줄어드는 것과 비교해 가격이 변하는 것에 더 민감하다고 한다. 특히 관습 가격이 통용되는 상품의 경우에는 가격 변화에 훨씬 더 예민하게 반응한다. 따라서 기업들은 단위제조원가를 유지하기 위해 상품의 크기나 용량을 축소하는 조치를 취하곤 한다. 소비자 저항감이 우려되기 때문이다.

▓ 가격 정책에 숨겨진 비밀

불황기일수록 소비자는 가격에 민감하며 기업은 어느 때보다 신중히 가격을 결정한다. 잘 알려진 사례로 '단수 가격Odd Pricing' 전략이 있다. 대형마트나 유통업계에서 흔히 사용하는 방법이다. 단수 가격이란 상품의 가격을 책정할 때 8,000원이나 1만 원처럼 정확하게 떨어지는 단위를 사용하는 것이 아니라, 7,900원이나 9,900원처럼 단위를 끊어 사용하는 것을 말한다. 예를 들어 9,000원과 8,900원을 비교해보자. 차이는 불과 100원이다. 그러나 첫 자리가 9에서 8로 바뀐다. 하나는 9천 원대, 하나는 8천 원대이니 그 차이가 실제보다 훨씬 크게 느껴진다. 가격이 한 자릿수 줄어드니 심리적으로 훨씬 더 싸게 느껴질 수 있다.

이를 잘 활용하고 있는 대표적인 곳이 바로 노브랜드다. 노브랜드에서 판매되고 있는 상품들의 가격을 자세히 살펴보면 거의 '8'로 끝난다. 소수의 품목을 제외하고, 대부분 '80원' 또는 '800원' 단위로 책정돼 있다. 노브랜드는 2014년 처음 문을 열 때부터 현재까지 이 같은 가격 정책을 이어오고 있지만 이를 눈치챈 소비자들은 많지 않다. 노브랜드가 '8'을 고집한 배경은 소비자들에게 더 이상 '9의 상술'이 먹히지 않는다는 것을 인지하면서부터다. 지난 20년간 대형마트들은 '끝자리 990원 가격 정책'을 유지해 왔는데, 소비자들이 자연스레 가격을 올림 해 인식하기 시작하면서 '8의 마법'을 부리기 시작했다.

이 같은 단수 가격 전략은 미국에서도 자주 사용한다. 보통 가격의 끝자리에 '홀수Odd Number'를 쓴다. 예컨대 50달러보다는 49.99달러를 접할 기회가 많은 이유다. 관련 연구에 의하면 소비자들은 9자로 끝나는 가격을 접하면 그 상품이 다른 상품보다 싸다고 인식하고 구매할 의도가 높아지는 것으로 나타났다. 또 영국의 행동경제학자인 리 칼드웰Leigh Caldwell이 쓴 《9900원의 심리학》에서도 2,000원과 2,500원인 두 상품을 비교했을 때 소비자는 가격 차이가 거의 없다고 인식하는 반면에, 10원씩 인하한 금액인 1,990원과 2,490으로 책정할 경우 그 차이를 훨씬 크게 느낀다고 밝혔다.

반대로 '명성 가격Prestige Pricing'은 소비자들이 최고 품질의 상품이라고 인식하게 만들기 위해서 의도적으로 높은 가격을 매기는 것을 말한다. 상품이 사회적 지위나 신분을 나타내는 상징이 되는 경우, 해당 분야에 대한 전문 지식이 부족한 경우, 또는 평가에 필요한 정보가 별로 없는 경우, 소비자는 가격을 품질을 추론하는 단서로 삼는 경향이 있다. 즉 값이 비싸면 품질도 좋다고 인식하는 것이다. 이유재 서울대 석좌교수는 이를 '위신 가격'이라 칭했다. 비쌀수록 브랜드 가치가 높아지는 것이다. 스타벅스가 대표적이다. 과거 스타벅스는 독보적인 브랜드 가치를 누리며 고가 커피 시장을 주도해 왔다. 이 때문에 국내에서 가격인상을 단행해도 소비자들의 저항성은 크지 않았다. '원래 비싼 커피'로 인식돼 왔기 때문이다. 반면 경쟁사 이디야 커피는 어떨까. 애초 골목상권을 공략해 온 이디야의 경우에는 달랐다. 2022년 10월 4년 만에 첫 가격인상안을 꺼내들었지만, 강력한 저항에 부딪혀 인상을 철회했다. 이처럼 가격표에 표시된 가격이 소비자에게 어떤 의미를 주느냐가 관건이다.

고가 브랜드는 브랜드의 희소가치를 과시하고 싶어 하는 충성고객을 겨냥해 위신 가격 전략을 쓴다. 이는 새로운 디자인이나 소재 등을 바꿔 신상품을 내놓고 가격을 올리는 식의 전략을 말한다. 예를 들어 롤렉스, 벤틀리 등을 생각해 보라. 단순히 상품의 기능을 반영한 가격이 아니다. 상품이 주는 심리적 가치와 상징적 가치를 반영한 가격이다. 가격을 올리든 세금이 따라붙든 결국 살 사람은 산다는 얘기다.

위신 가격이 성공하기 위해서는 일관성이 중요하다. 높은 가격에 걸맞는 브랜드 이미지를 구축하고 일관된 마케팅 커뮤니케이션을 해야 한다. 브랜드 이미지를 해칠 수 있는 가격 할인은 가급적 피하고, 고객과의 신뢰를 장기적으로 유지해야 한다. 공급을 적절하게 조절해 상품의 희소성을 유지하는 것도 물론이다. 가격은 단순한 숫자가 아니다. 사소한 숫자 변화가 소비자를 부르기도, 떠나보내기도 하는 것이다.

궁상은 옛말,
합리적 선택으로 떠오른 중고 마켓

▥ 지금 가장 핫한 키워드는 '중고'

최근 물가상승으로 눈에 띄게 변화한 건 '중고 거래 시장'이다. 중고 의류는 물론 신발에서 가구에 이르기까지 중고 시장은 최근 몇 년 동안 소매업의 가장 큰 변화로 급부상했다. 과거에는 '궁상'으로 취급 됐으나 이제는 하나의 '소비 트렌드'로서 호황을 누리고 있는 것이다. 물가상승으로 총지출이 늘자, 현명한 소비 방법을 통해 이를 줄이고 자 하는 소비자가 크게 증가했다. 저성장이 장기화하면서 경제적인 이유로 새 제품보다 중고를 찾는 수요가 늘었고, 쓰지 않는 물품을 팔아 현금을 마련하려는 사람도 많아졌다. 소비자들은 이제 기존의 온라인 쇼핑몰보다 중고 거래 장터에서 더 많은 시간을 보낸다.

중고 거래 광풍의 중심에는 소유보다 경험을 중시하는 MZ세대가 있다. 과거 중고 거래는 구질구질한 행위로 치부됐으나 분위기가 달라졌다. 같은 상품을 사더라도 '사람 손을 덜 탄' 저렴한 상품을 찾는 데서 재미를 찾는 것으로 변했다. 단순히 값이 저렴해서가 아니다. 본인이 지향하는 가치를 찾기 위해 중고 장터에 들어가고, 자신의 취향을 표현하기 위해 중고품을 사고판다. 또 소비가 하나의 윤리적 의식을 보여주는 것으로 바뀌었다. 과거에는 새 제품을 마구 쓰고 버리는데 아무런 양심의 가책을 느끼지 못했지만, 이제는 '지속가능한 소비'가 하나의 인식으로 자리 잡게 됐다. 쓰지 않는 물건을 방치하거나 버리기보다는 필요한 사람에게 소유권을 넘김으로써 환경보호에도 기여할 수 있다고 봤다.

특정 품목을 집중적으로 소비하는 '디깅Digging'도 중고 거래 시장을 키웠다. 소위 '덕질'로 표현되는 소비 행위를 통해 본인의 취향, 취미에 아낌없이 돈을 쓴다는 이야기다. 위스키 공병空瓶을 사 모으는 사례가 대표적이다. 흥미롭게도 중고 거래를 통해 공병을 모으는 사람들이 늘었다. 코로나19 팬데믹 이후 집 인테리어에 대한 관심이 증가하면서 이를 활용해 실내 장식을 하는 사람들이 부쩍 눈에 띄기 시작했다. 실제로 중고 거래 플랫폼에 '위스키 공병' 키워드를 검색하면 한 달 내 올라온 매물만 수십 개가 뜬다. 공병 가격은 2023년 7월 기준 적게는 1,000원부터 비싸게는 20만 원대까지 다양하게 팔리고 있다. 보통 중고 시장에서 공병은 위스키 가격에 비례해 매겨진다. 또 정품 케이스 유무와 청결 상태 등이 가격에 영향을 미치고 있는 것으로 알려졌다.

중고 거래 플랫폼의 급성장 역시 한몫했다. 당근마켓은 이제 젊은 사람이라면 모르는 사람이 없을 정도로 규모가 커졌다. 시작은 미약했지만, 이제는 전국 6,000여 개 지역에서 3만 명이 이용하는 국내 최대 지역 생활 커뮤니티로 성장했다. 당근마켓이 이만큼이나 성장한 데에는 중고 거래에 만연했던 문제점을 해소한 것이 유효했다. 대부분의 중고 거래 사기가 비대면 택배 거래에서 발생한다는 점에 착안해 당근마켓은 6km 반경 내외에 거주하는 동네 이웃끼리 직거래할 수 있도록 설계하면서 성공으로 가는 지름길을 열었다. 당근마켓을 이용하기 위해서는 30일마다 앱에 등록된 거주지에서 GPS 인증을 거쳐야만 한다.

당근마켓과 같이 지역을 중심으로 한 중고 거래 시장은 꾸준히 성장세다. 최근 중고품을 비대면으로 사고팔 수 있는 중고 거래 자판기 '파라바라', 아파트 단지 내 같은 동이나 같은 건물 내 엘리베이터 앞에서 만나 물품을 거래할 수 있는 '마켓빌리지'도 거래가 활발하다. 여기에 유아 용품 전문 '땡큐마켓', 스포츠 용품 전문 '중고의신' 등 품목 위주의 플랫폼도 등장하고 있는 추세다. 최근에는 중고 거래가 하나의 문화로 자리 잡으면서 기존에 보기 어려웠던 불황형 서비스와 앱도 속속 등장하고 있다.

선물로 받은 기프티콘을 저렴한 가격에 사고파는 플랫폼 '니콘내콘'도 인기를 끌고 있다. 2022년 니콘내콘 내에서 발생한 기프티콘 거래량은 전년 동기 대비 34% 오른 600만 건을 넘어섰다. 급기야 사서 입던 옷을 반납하면 구매가의 최대 40%를 환급해 주는 쇼핑몰도 나타났다. 2022년 6월 MZ세대 소비 취향을 저격해 문을 연 패션 쇼핑몰 '시유어겐'이 그 주인공이다. 이 쇼핑몰은 다른 쇼핑몰과 달리 새 옷만 판매하지 않는 묘책을 쓰면서 입소문을 탔다. 소비자가 입다가 싫증 난 옷을 업체가 택배비도 받지 않고 매입해 주는 방식을 쓰면서 대박을 쳤다.

향후에도 중고 거래는 더욱 활성화될 것으로 보인다. 온라인에서 오프라인으로 본격 확장되는 움직임이 포착되고 있어서다. 쉽게 말해 단순히 물품을 사고파는 데 그치지 않고 피아노 레슨이나 요리 교실 등을 통해 재능을 나누거나 배드민턴, 축구와 같은 취미 활동을 함께 하는 모임의 장으로 확대되는 추세다. 이용자를 서로 연결하는 일종의 커뮤니티 공간으로 발돋움했다는 평가다. 카카오톡, 카페, 밴드 등 다양한 온라인 채널에서 경험했던 커뮤니티 활동이 중고 거래 앱 속으로 파고들면서 새로운 플랫폼 경쟁 시대를 예고하고 있다.

중고 거래 시장의 활성화

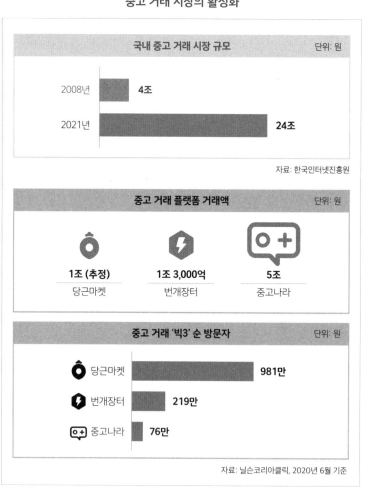

문제는 사업 특성상 수익성을 높이는 게 쉽지 않다는 점이다. 사업 모델 자체가 수익을 내기 어려운 구조다. 주력 사업인 중고 거래 서비스에서는 수수료를 받지 않는다. 앞으로 중고 거래 시장이 성장세인 것은 자명하다. 하지만 더 큰 성공으로 이어지기 위해서는 소비자 유인책과 수익성을 모두 잡을 수 있는 아이디어가 반드시 필요하다.

▥ 백화점이 중고 시장에 눈독을 들인다?

흥미롭게도 최근 중고 거래 시장은 유통 공룡들도 눈독을 들이는 분야 중 하나다. 롯데, 신세계, 현대 등 백화점 업체들도 중고 거래 업체에 투자하거나 매장을 여는 방식으로 중고 거래 활성화에 뛰어들었다. 몇 년 전까지만 해도 이들에게 '중고 거래'라는 타이틀은 꿈도 꾸지 못할 만큼 멀게 느껴지는 시장이었다. 그러나 백화점 업체들이 체면을 버리고서라도 이 시장에 뛰어든 이유는 간단하다. '집객'에 아주 효과적이기 때문이다. 최근 MZ세대를 화두로 떠오른 중고 시장을 백화점 안으로 들여오면 미래 고객 확보에 매우 뛰어날 것으로 분석되면서, 백화점에 대한 진입 허들이 본격적으로 낮아지기 시작했다. 중고 거래라고 하면 골목길에서 비싼 골동품을 판매하는 낡은 상점이나 비정기적으로 열리는 플리마켓 등을 떠올리기 일쑤였으나, 시대가 바뀌었다는 점을 실감케 하는 대목이다.

대표적으로 중고 거래의 장점을 호기롭게 누리고 있는 백화점은 현대다. 현대백화점은 백화점 한 층 전체를 중고품 전문관으로 리뉴얼하는 파격 행보를 보여 업계를 놀라게 했다. 현대백화점 신촌점은 2022년 9월, MZ세대 전문관인 유플렉스 4층 전체를 중고품 전문관 '세컨드 부티크Second Boutique'로 재단장해 오픈했다. 백화점 한 층 전부를 중고품 전문관으로 리뉴얼한 업계 최초 사례다. 이곳에서는 중고 의류와 1960~2000년대 출시된 빈티지 럭셔리 시계 등을 판매하고 있다. 고객들의 안심 구매를 돕기 위해 제품 관리도 꼼꼼하게 한다. 의류는 전문업체를 통해 세탁과 살균을 거치고, 명품은 전문가 감정을 거쳐 정품만 선별해 내놓고 있다. 현대백화점은 여기서 그치지 않았다. 같은 시기 미아점 1층 매장에는 중고 명품 거래 회사 '브랜드나라'가 운영하는 '럭스어게인'을 열었다. 백화점의 얼굴이자 명품 매장이 주로 자리한 1층에 중고 명품 매장이 입점한 것 역시 이례적인 사례로 기록된다. 2017년 설립된 브랜드나라는 중고 명품 수출을 주력으로 하며, 백화점 입점을 통해 중고 명품 비즈니스를 확대해 나가고 있다.

현대의 과감한 결단은 생각보다 많은 이점을 불러왔다. 유명 럭셔리 브랜드와 신상만 취급했을 때와는 달리 중고 상품까지 판매하게 되면서 젊은 층 유입이 한층 쉬워졌고, 구매부터 판매, 재구매까지 라이프스타일 전반을 아우르는 차별적인 고객 경험을 제공할 수 있게 됐다. 여기에 고객 충성도 확보까지 덤으로 따라붙었다. 기업에 대한 좋은 이미지도 순식간에 커졌다. 결과적으로 중고 거래만 들여왔을 뿐인데 단순히 환경에 대한 기업적 의무를 넘어서, 다양한 힘을 받을 수 있게 됐다.

▒ 중고 거래가 보편화된 해외

해외에서 이런 중고 거래는 새로운 소비 형태가 아니다. 이미 중고 거래는 보편화돼 있다. 그중에서도 눈에 띄는 시장은 바로 '중고 의류 시장'이다. 우리나라와 비교해 더 큰 시장을 형성하고 있다. 미국 중고 시장의 경우 의류만 30% 가까이 차지한다. 보스턴컨설팅그룹의 보고서는 미국의 중고 의류 시장이 2021년 400억 달러(약 47조 9,000억 원)의 규모에서, 오는 2025년엔 770억 달러(약 92조 3,000억 원)까지 커질 것으로 예상했다. 2027년에는 패스트패션 브랜드 시장 매출을 뛰어넘을 전망이다. 젊은 소비자들의 인식 및 소비 방식의 변화로 빠르게 성장하고 있다. 본인이 소유했던 훌륭한 패션 아이템을 일정 기간 소유한 이후 다시 되팔고자 하는 판매자가 늘어나면서 속도를 높였다. 특히 세계적으로 지속가능성, 환경, 윤리 같은 주제에 대한 관심이 커지면서 이 시장은 비약적으로 확대됐다.

패션업계는 '탄소 절감'이라는 공통의 목표를 갖고 있다. 이를 위해서는 생산되는 옷뿐만 아니라 소각과 매립하는 옷도 크게 줄여야 한다. 소비자 역시 옷장의 절반 이상을 중고품으로 채워야 할 의무가 있다는 지적이다. 현재는 생산되는 옷의 13%만이 중고 시장에 재진입되고 있다는 게 관계자의 설명이다.

맥킨지와 유엔환경계획UNEP에 따르면 전 세계에서 생산되는 옷은 2014년 연간 1,000억 벌을 넘어섰으며 이 가운데 330억 벌 이상은 한 번도 입지 않은 상태로 버려진다. 생산과정에서 버려지는 폐원단까지 감안하면 투입된 섬유의 87%가 폐기 처분된다. 패션 기업들이 브랜드 가치를 보호하기 위해 재고품을 처분하는 선택을 하고 있는 것이다. 또 청바지 한 벌을 만드는 데도 엄청난 환경오염이 야기된다. 한 벌에만 3,781l, 패션산업 전체로는 한 해 93조l의 물이 필요하다. 이는 약 500만 명이 사용할 수 있는 엄청난 양이다. 환경문제에 민감한 MZ세대의 손이 구제 옷에 더 가게 되는 이유다.

다행스럽게도 패션업계는 이런 상황에 경각심을 느끼고 중고 의류 시장에 눈을 돌리고 있다. 명품 브랜드들은 중고 시장을 간과해

왔으나 '럭셔리'의 가치를 재정립하기 시작했다. 단순히 고가의 멋지고 예쁜 제품에서 벗어나 '순환 경제'에 기여해야 한다고 바라본 것이다. 실제로 5년간 9,000만 파운드(약 1,300억 원)어치의 재고를 소각한 것으로 알려져 뭇매를 맞은 영국 명품 버버리는 행동 패션산업 헌장 참여를 선언하고, 2050년까지 이산화탄소 배출량 감소 목표를 달성하겠다고 밝혔다. 구찌, 발렌시아가 등을 보유한 프랑스 명품업체 케어링도 2025년까지 유통에 필요한 연료, 배기가스, 운송 등을 줄일 계획이다. 여기에 중고 거래 플랫폼과 '이유 있는' 동맹도 이어나가고 있다. 2020년 구찌는 미국 온라인 중고 명품 거래 업체 '더리얼리얼'과 파트너십을 맺고 백화점이나 아웃렛에서 판매되지 않은 재고나 시즌이 지난 상품을 공급해 판매하고 있다. 이보다 앞선 2019년에는 버버리가 이들과 파트너십을 맺고 자사 상품을 해당 플랫폼에 판매하기도 했다.

향후 우리 기업들이 미국 패션 시장의 문을 두드릴 예정이라면, 이런 트렌드에 대해 적절하게 파악하고 민첩하게 대응할 필요가 있다. 기존 패션산업이 갖고 있는 '획득–생산–폐기'라는 선형 구조에서 벗어나 지속가능성을 추구하는 순환형으로의 전환과 장기적 전략이 필요하다. 국내에서 지속가능한 제품을 생산하기 위해 폐플라스틱, 폐어망, 커피박 등을 활용해 제품을 만드는 '리사이클 시장'이 커지고 있는 것과 같이, 환경적인 영향을 최소화할 수 있는 생산방식을 고려하는 것이 글로벌 시장을 공략하는 열쇠가 될 것으로 보인다.

▥ 네이버, 중고 시장에 투자하다

'돈 되는 것'을 찾아다니는 것은 기업의 생리. 중고 시장의 가능성에 투자한 대표적 기업으로는 네이버가 있다. 네이버는 2023년 1월 6일, 1조 6,000억 원을 들여 미국 최대 패션 C2C(개인 간 거래) 플랫폼인 '포시마크'의 지분 100%를 인수 완료했다. 창사 이래 최대 딜로 시장의 주목을 한 몸에 받았다. 포시마크는 개인이 새로운 상품이나 중고 의류, 신발 등을 지역 단위의 소셜 커뮤니티 기능을 통해 사고팔 수 있는 중고 거래 서비스로, 패션 품목에 특화됐다. 인스타그램과 같은 소셜 커뮤니티 기능에 마켓 플레이스, 커머스 기능이 결합한 것이 특징이다. 현재 북미에서는 포시마크, 스레드업, 머카리, 더리얼리얼 등이 중고 거래 시장에서 '톱4'를 구성하고 있고, 이 가운데 1위는 포시마크다. 네이버는 글로벌 중고 거래 시장에 아직 절대적인 강자가 없고, 잠재적 성장성이 높다는 점에서 재빠르게 이 분야에 특화해 글로벌 포트폴리오를 구축해 왔다. 현재 아마존과 같은 빅테크 기업이 본격적으로 진출하지 않았기 때문이다. 확신이 선 네이버는 2021년 2월 스페인 1위 리셀Re-sell 플랫폼 '왈라팝'에 1,550억 원을 투자한 데 이어 2023년 1월 추가 투자를 통해 최대 주주로 등극했다. 프랑스의 명품 리셀 플랫폼 '베스티에르콜렉티브', 싱가포르 중고 거래 플랫폼 '캐러셀'에도 투자했다. 또한 국내에서는 한정판 상품 거래를 지원하는 '크림'을, 일본에서는 '빈티지시티'를 운영하고 있다.

포시마크 인수로 네이버의 글로벌 사업 역량도 강화될 것으로 전망된다. 액티베이트컨설팅에 따르면 미국의 중고 거래 시장은 연평균 20% 성장해 2025년 약 1,300억 달러(약 186조 원)에 달할 전망이다. 네이버는 포시마크와 함께 커머스, 콘텐츠, 엔터테인먼트를 중심으로 북미의 MZ세대 공략을 강화할 계획이다. 최수연 네이버 대표는 2022년 10월 4일 인수를 발표한 직후 네이버 내부 직원들과 소통에 나섰다. 김남선 최고재무책임자CFO와 온라인 간담회를 열어 포시마크를 소개하고 향후 계획을 밝혔다. 당시 최 대표는 "대규모 사용자를 보유한 북미 1위 패션 C2C 플랫폼인 포시마크와 함께하게 됨으로써, 네이버는 북미 MZ세대를 더욱 폭넓게 이해할 수 있는 중요한 기반을 마련했다"라며 "글로벌 IT산업 본진인 실리콘밸리에서 새로운 혁신과 도전을 거듭하며 한 단계 높은 성장을 기록해 나가겠다"라고 말했다. 이어 "미래의 핵심 사용자들에게 C2C 쇼핑, 웹툰, 케이팝 콘텐츠를 넘나드는 차별화된 경험을 제공하면서 글로벌 C2C 시장에 새로운 흐름을 만들어 내겠다"라고 강조했다. 앞으로의 중고 거래 시장이 더욱 기대되는 이유다.

▥ 반품된 제품도 잘 팔린다

불황이 길어지면서 '리퍼브' 시장도 커졌다. 리퍼브란 기능엔 문제가 없으나 단순 변심 등의 이유로 반품됐거나 전시됐던 제품, 재고로 쌓여있던 제품 등을 재판매하는 것을 의미한다. 여기에는 만드는 과정에서 작은 흠집이 난 상품도 해당된다. 기존에 사용한 적이 없기 때문에 중고 제품과는 차이가 커 가격은 새 제품의 절반 정도에 불과하다. 다만, 정상 제품으로서의 상품 가치는 훼손됐기 때문에 재판매 시 저렴한 가격이 책정된다.

그렇다면 리퍼브 업체들은 어디서 물건을 조달할까. 제조업체들로부터 반품이나 전시 제품을 직매입하거나 도매업체, 수입유통상으로부터 물건을 사들인다. 유통업계 관계자에 따르면 일정한 시기가 지나 전시 상품이 바뀔 때마다 제품을 쓸어오기도 하고, 폐업하는 소매점에서 대량으로 물건을 매입하기도 한다. 물건을 확보하면 검수 과정을 거친다. 포장 박스만 훼손된 제품은 A급이다. 이런 제품의 할인율은 40% 안팎으로 높지 않다. 스크래치만 살짝 난 제품은 B급, 손잡이가 떨어지는 등 크게 훼손된 제품은 C급으로 분류해 등급별로 다른 할인율을 적용해 판매한다. 일부 온라인 리퍼브 매장에서는 최대 99%의 할인율을 적용해 소비자를 유혹하는 일종의 '미끼상품'으로 쓰는 경우도 있다.

리퍼브 제품은 1조 원대의 시장 규모를 형성하고 있다. 취급 품목도 가전과 가구 외에도 의류, 화장품, 식품 등으로 다양해지고 있다. 지금이야 리퍼브 제품의 품목이 세분됐지만, 과거만 하더라도 국내 리퍼브 시장을 이끌어 가는 주축은 가구류에 불과했다. 그 시작은 2015년 이케아가 고객의 반품 가구를 재판매하는 '알뜰코너'를 운영하면서부터라고 해도 과언이 아니다. 이케아의 알뜰코너에 소비자의 관심이 쏠리자, 반품된 가구는 전량 폐기를 원칙으로 하던 가구업계에도 변화의 바람이 불기 시작했다. 국내 가구 매장에도 리퍼브 제품을 판매하는 별도의 공간이 생기기 시작했다.

리퍼브 상품만을 전문 유통하는 시장도 확대되는 추세다. 국내 리퍼비시 전문 유통 회사로는 뉴퍼마켓, 올랜드아웃렛 등이 있다. 물가 상승과 동시에 관련 수요가 늘고 시장이 커지면서 유통가도 실속 소비를 잡기 위해 리퍼브 시장에 경쟁적으로 뛰어들었다. 그중에서도 롯데쇼핑은 아웃렛 매장을 통해 리퍼브 전문점을 운영 중이다. 2014년 파주점에서 시작해 광명점까지 넓혔으나, 2023년 현재는 2019년 입점해 운영 중인 올랜드아웃렛 이천점만 운영하고 있다. 최근에는 이커머스E-commerce 업계도 리퍼브 시장 선점에 열성이다. 티몬은 '리퍼임박마켓'을 운영하고 있다. 전시, 스크래치 및 못난이 상품, 소비기한 임박 상품들을 한데 모아 합리적인 가격에 판매한다. '소비기한 표시제' 도입과 함께 고객들의 관심이 증가함에 따라 2022년 11월 명칭을 변경, 새롭게 리뉴얼했다. 그 결과 다음 해 3월 기준 매출은 5개월 전과 비교해 318% 늘었고, 구매 고객은 5배 급증하는 등 매출과 고객 지표가 동시에 급증했다. SSG닷컴도 리퍼브 제품을 취급하고 있다. 지난 2021년 3월부터 '리퍼마켓'이라는 공식 브랜드를 운영 중이다. 가전, 생활용품, 패션, 스포츠용품, 인테리어 제품 등 카테고리를 망라한 리퍼브 상품을 최대 40%에 판매하고 있다.

이처럼 대형 유통 기업에서 리퍼브 시장에 관심을 가진 이유는 단연 시장 성장성 때문이다. 리퍼브 시장은 대표적인 불황형 업종이다. 계속되는 불경기에 사업을 유지하기 어려워진 중소기업, 자영업자 등이 사용하던 제품을 싸게 내놓는 경우가 많아지면서 리퍼브 시장은 팽창할 수밖에 없었다. 여기에 인터넷 시장이 급성장하면서 변심에 따른 반품이 급증한 것도 긍정 요인으로 꼽힌다. 통계청에 따르면 2022

년 국내 온라인 쇼핑 거래액은 200조 원을 돌파했다. 2001년 통계 작성 이래 역대 최대치를 경신한 수치다. 온라인 쇼핑액이 증가하면서 반품 물량도 급증할 수밖에 없었다. 반품 과정에서 제품에 작은 흠집이 생긴 제품들은 대부분 리퍼브 시장으로 유입됐다. 가성비를 중시하는 합리적 소비 트렌드도 하나의 요인으로 작용했다. 포장이 훼손됐을 뿐 품질 면에서는 새 상품이나 다름없는 저렴한 제품은 소비자들의 눈을 돌리는 유인책이 됐다. 정품과 동일하게 에이에스A/S를 받을 수 있다는 점에서 소비자들은 망설이지 않고 리퍼브 제품을 선택했다.

향후에도 리퍼브의 인기는 지속될 것으로 보인다. 성능과 만족감만 좋다면 리퍼브 상품도 망설임 없이 구매하는 실용적 소비를 지향하는 소비자들이 늘고 있기 때문이다. 특히 최근에는 MZ세대를 중심으로 이 같은 소비 패턴이 나타나고 있다. 전문가들도 향후 꾸준한 리퍼브 시장 확대를 예상한다. 불황이 이어지는 가운데 인터넷 커뮤니티 등을 중심으로 알뜰쇼핑과 관련된 정보 교류가 활발해졌다는 이유에서다. 더욱이 리퍼브 유통업체의 확대는 소비 양극화의 일면이다. 소비 여력이 많은 이들과 그렇지 않은 이들로 나뉘어 소비 양극화가 일어나고 있다. 여력이 많은 이들은 신제품을 고르고, 상대적으로 주머니 사정이 넉넉지 못한 이들은 리퍼브로 눈을 돌리고 있다. 대형 유통업체들은 실속형 소비자들을 끌어들이려면 리퍼브 등 실속형 매장에 주목할 필요가 있다.

▓ 중고도 희소성 붙으면 불티

중고 거래 시장은 리셀 한정판 시장으로 다시 한번 파이가 넓어졌다. 리셀 시장은 기성품을 거래한다는 점에서 중고 시장과 비슷하지만 쓰던 물건을 되파는 일반 중고 거래와는 개념이 다르다. 남들이 갖지 못한 '희소성'에 부가가치를 붙여 상품을 사고팔기 때문이다. 쉽게 말해 한정판 제품을 구매한 뒤 웃돈을 받고 되파는 행위다. 리셀은 이미 소비문화의 뉴 트렌드가 됐다. "남들과 똑같은 제품은 싫다"라고 말하는 2030 소비자가 늘면서 리셀 시장은 빠르게 성장 중이다. 희소가치를 인정받은 상품은 10배 이상의 돈을 받고 팔 수 있어 신종 재테크 수단으로도 인기다. 리셀 문화는 남녀를 가리지 않는다. 남성이 나이키 운동화, 롤렉스 등과 같은 명품 시계를 모은다면 여성은 샤넬 핸드백, 스타벅스 굿즈 등을 거래한다. 최근에는 한정판 운동화로 시작해 명품과 디지털 기기에 이어 공연 티켓까지 취급 범위가 넓어지고 있다.

국내에서 리셀 시장 규모는 점차 커지는 중이다. 이베스트투자증권에 따르면 2021년 7,000억 원의 규모였던 국내 리셀 시장은 2022년 1조 원을 넘기고 2025년에는 2조 8,000억 원대로 성장할 것으로 전망됐다. MZ세대가 리셀 문화에 열광하는 이유는 가치 소비와 연관이 깊다. 한정판 제품을 사용한 이후 만족감이 다하고 더 이상 소유할 필요가 없어지면 중고로 되팔아 다른 가치를 찾아 나서는 경우가 많아지면서 성장했다. 또 일종의 재테크 수단으로 사용되면서 다시 한번 인기가 높아졌다. 통상 한정판 상품의 경우 발매가보다 비싼 가격에 중고 거래를 해 수익을 얻을 수 있다. 리셀테크는 주식, 코인, 부동산 등 기존 투자 방식보다 소액으로 단기 차익을 노릴 수 있어 진입장벽이 낮은 투자 방식으로 인정받고 있다.

리셀 취급 상품군이 확대되고 시장 규모가 점차 커지면서 리셀 플랫폼 간 경쟁도 치열해지고 있다. 과거에는 일부 온라인 커뮤니티나 오프라인 매장을 중심으로 리셀 거래가 이뤄졌다면, 최근에는 업자와 소비자 간의 리셀 거래 역할을 자처하는 온라인 플랫폼을 중심으로 거래가 활발하게 이뤄지고 있다. 국내 1, 2위 한정판 거래 플랫폼으로는 네이버 크림, 무신사 솔드아웃이 있다. 크림은 한정판 운동화, 피규어를 비롯해 명품 등을 거래하고 있는 반면, 무신사는 C2C 카테고리에 '티켓' 부문을 새롭게 추가해 차별점을 뒀다. 백화점 3사도 리셀 시장에 참전하고 있다. 롯데백화점은 2022년 잠실 롯데월드몰 2층에 네이버 크림의 오프라인 공간을 업계 최초로 열었고, 신세계백화점의 SSG닷컴은 번개장터에서 운영 중인 명품 편집 숍 '브그즈트 컬렉션'을 입점시켜 리셀 상품을 판매 중이다. 현대백화점은 신촌점 유플렉스 4층에 중고품 전용관인 '세컨드 부티크'를 리뉴얼 오픈해 운영 중이다.

리셀 시장이 커질수록 정품과 가품을 구분하는 검수의 중요성도 함께 높아지고 있다. 플랫폼들은 정품 검수 시스템을 강화하고 파격적인 보상책을 제시하며 소비자들이 안심하고 거래할 수 있는 분위기를 조성하고 있다. 가품을 판매한 플랫폼이라고 한번 낙인찍히면 신뢰 회복까지 시간이 오래 걸리기에 비용을 투자해서라도 가품 판매를 미연에 방지하는 것이다. 이를 위해 검수 인력을 꾸준히 늘리고 있는 것이 대표적인 업계의 노력으로 통한다. 비용 부담이 크지만 소비자들의 신뢰도를 높일 수 있어서다. 크림은 거래가 이뤄지는 상품들을 모두 자체 검수 센터에서 검수한다. 검수에 합격한 제품만 구매자에게 배송하는데, 검증 이후 가품으로 판명될 경우 결제금액의 3배를 보상하는 정책을 운영 중이다. 솔드아웃도 가품으로 판정될 경우, 소비자에게 구매 금액의 3배를 보상하고 있다. 또한 최첨단 위변조 방지 기술을 보유한 한국조폐공사와의 협업을 이어가고 있기도 하다.

　문제는 '수익성'이다. 폭발적인 성장세를 보이고 있지만 수익 악화에 골머리를 앓고 있다. 이에 크림과 솔드아웃은 나란히 수익 구조 개선에 나서고 있다. 금융감독원 자료에 따르면 크림의 2022년 매출은 459억 5,800만 원이었다. 이는 전년 대비 1,300% 증가한 수치로 1년 사이 몸집을 10배 이상 불린 것이다. 거래액 역시 1조 5,000억 원대로 전년 대비 2배 이상 증가했다. 그러나 수익적인 측면은 오히려 악화됐다. 2021년 당시 595억 원이었던 영업손실은 2022년 861억 원으로 집계되며 적자 폭이 더욱 깊어졌다. 솔드아웃 역시 무신사의 영업이익에 영향을 미치고 있다. 무신사는 2022년 연결기준 매출 7,000억 원을 돌파하며 전년 대비 54% 성장했으나 영업이익은 95% 감소한 32억 원을 기록했다. 이 때문에 두 플랫폼 모두 수익성 개선을 위해 2022년부터 수수료를 유료로 전환하고, 잇따라 수수료를 상향 조정하고 있기도 하다.

　일각에서는 리셀 시장의 부작용을 우려하고 있다. 시장 과열이 상품 가격에 거품을 발생시키기 때문이다. 이렇게 되면 정작 물건이 필요한 실수요자는 상품을 구매할 기회를 잃게 된다. 수요 예측에 실패하면 리셀을 위해 상품을 구매한 소비자도 피해를 본다. 또 리셀 거래는 C2C 중심이다. 거래 과정에서 분쟁은 물론, 탈세 등 법적인 문제가 불거질 수 있다. 개인 거래인 만큼 정부가 나서서 이를 조율하기도 어렵다. 결국 신뢰할 수 있는 거래 시스템이 구축돼야 한다. 패션 브랜드들이 '리셀 금지' 조항을 잇따라 내놓고 있다는 점 역시 리셀업계의 어깨를 무겁게 만드는 부정적인 요인으로 통한다. 2022년 10월, 나이키는 이용 약관에 '재판매를 위한 구매 불가' 항목을 신설했다. 이를 어긴 정황이 드러날 경우 해당 계정을 정지하고 주문 취소, 판매 제한 등의 조치를 취한다고 발표했다. 앞서 에르메스와 샤넬 등도 리셀 금지에 대한 조항을 추가한 바 있다. 하지만 리셀 금지 조치의 실효성에 대해서는 의문이 제기된다. 이미 소비자에게 넘어간 소유물을 제한할 수 있냐는 지적이다. 만약 제한할 수 있다고 하더라도 개인 간 이뤄지는 거래를 막을 방법은 마땅치 않다. 그럼에도 한정판을 제작하는 패션업체들이 계속해서 리셀 시장 제한을 시도한다는 것은 리셀 플랫폼 업계에 있어서 부정적인 소식임에는 틀림없다.

사람들의 구매 습관이
어떻게 변하는지 관찰하라

▥ 직장인 '짠테크'의 본격화

　고물가가 지속되면서 젊은 직장인들 사이에서는 지출을 극단으로 줄이는 사례가 늘고 있다. 하루에 교통비와 같은 불가피한 금액만 쓰는 '무지출 챌린지'에 도전하는 소비자가 심심찮게 눈에 띈다. 최근 인스타그램 등의 SNS만 살펴봐도 '무지출', '짠테크(아낀다는 뜻의 짠+재테크)' 인증 샷을 공유하는 사람들이 크게 늘었다. 무지출 생활을 공유하는 브이로그 영상도 인기다. 젊은 층이 짠테크에 관심을 갖는 이유는 높아진 경제 불확실성과 연관이 있다. 이런 현상은 불과 몇 해 전만 해도 젊은 층을 중심으로 행복을 위한 소비에 집중하는 '욜로YOLO(You Only Live Once)'가 유행했던 것과는 대조적으로, 최근 경제적 불확실성이 커지면서 영향을 미친 것으로 분석된다.

실제로 쿠폰, 포인트 사용이나 프로모션 등을 꼼꼼하게 활용해 조금이라도 저렴한 상품을 구매하는 사람들이 대폭 증가했다. 고가 브랜드를 대체하는 상품을 찾아 구매하는 것이 대표적인 예다. 그중에서도 가장 먼저 먹거리 지출이 줄었다. 에어프라이어가 대중화됨에 따라 집에서 밥을 먹는 횟수를 늘리거나, 상대적으로 저렴한 냉동 치킨, 피자를 선택한 것이다. 2022년 11월 한국농수산식품유통공사aT의 소비자 조사에 따르면, 코로나19 이전과 비교해 응답자의 약 98%가 냉동식품의 구입을 늘리거나 기존 구입 수준을 유지하고 있다고 한다. 냉동식품 구입이 증가한 이유(복수응답)로는 '외출, 외식의 감소'가 47.5%로 가장 높게 나타났다. 외식 물가가 치솟자 집에서 밥을 직접 해 먹는 소비자들이 늘어났다.

식후 마시는 커피값에 대해서도 허리띠를 졸라매기 시작했다. 매일 마시는 커피도 보다 저렴한 가격에 즐길 수 있는 '사내 카페'가 인기다. 갈수록 원유값이 치솟고 있는 데다, 이와 비례해 주요 커피 프랜차이즈들도 소비자 가격을 올린 데 따른 영향이다. 일부 소비자들은 집에서 텀블러에 커피를 담아 오거나 카페 대신 회사 탕비실을 이용하는 묘책을 쓰고 있다. 커피와 간식값을 아끼는 직장인들이 늘면서 이른바 '탕비실 파먹기'라는 신조어도 등장했다. 실제로 직장인 한 사람당 커피에 쓰는 비용도 만만치 않은 것으로 나타났다. 한국소비자단체협의회가 발간한 〈월간소비자〉 2023년 10월호에 따르면 성인 500명을 대상으로 한 '홈 카페 소비자 인식 및 지출비용 조사' 결과 응답자의 75.8%는 하루 1회 이상 커피를 마시는 것으로 집계됐다.

간식값도 줄이는 추세다. 최근 높아진 빵값 부담에 합리적인 가격으로 집에서 간편하게 조리할 수 있는 홈 베이커리 제품을 찾는 소비자도 늘었다. 밀가루, 우유, 달걀 등 빵을 만들 때 필요한 원재료 가격이 상승하면서 함께 높아진 빵값에 부담을 느끼는 소비자들이 홈 베이커리 제품으로 눈을 돌렸다. 신세계푸드의 2022년 '냉동 생지' 매출은 전년 대비 251% 증가한 것으로 집계됐다. 베이커리 업계는 이런 흐름에 주목했다. 코로나19 발생 이후 물가상승까지 맞물리면서 베이커리 매장이나 카페를 찾는 대신 집에서 베이커리 재료를 구입해 에어프라이어, 오븐 등으로 만들어 즐기는 홈 베이킹족이 늘고 있다는 점을 공략한 것이다. 이에 신세계푸드는 물가상승 속 어려움을 극복하기 위한 전략으로 베이커리 사업 강화에 속도를 내기 시작했다. 신규 브랜드 출시 작업을 진행하고 있을 뿐만 아니라 베이커리 개발 인력 규모도 대폭 확대했다. 또한, 베이커리 사업에서 성과를 거두고 있는 만큼 관련 사업을 더욱 키운다는 계획을 세웠다. 그 일환으로 2023년 2월에는 빵을 시중 가격의 50% 정도 가격에 파는 '경제적 베이커리' 프로젝트를 시작했다. 인기가 높은 주요 베이커리의 크루아상 가격을 조사해 평균을 낸 뒤 50% 선에서 가격을 책정했다. 그 결과 소비자들을 끌어모으는 한편, 매출에서도 대박을 쳤다.

이 시기 시중에서 판매되던 빵의 지위도 재편됐다. 짠테크족들이 급증하면서 비교적 저렴한 양산빵의 인기도 덩달아 치솟았다. 양산빵은 빵집에서 만드는 빵이 아닌, 공장에서 생산해 슈퍼마켓, 할인점, 편의점 등에 유통되는 빵을 의미한다. 과거 양산빵은 맛이 없고 저렴한 빵이라는 인식이 강했지만 최근에는 추억을 자극하는 마케팅으로 차별화에 나서면서 인기가 급상승하고 있다. 또한 내용물이 부실하고 맛이 없다는 부정적 인식이 강했으나, 최근엔 제과업체나 유업체와의 협업을 통해 품질이 월등히 좋아졌다. 그동안 양산빵으로 선보이기 어려웠던 바게트와 크루아상 등 베이커리 전문 빵까지 판매되기 시작하면서 소비자의 선택 폭도 넓어졌다. 편의점 업계의 주 고객층인 1020세대 사이에서 '빵지순례(유명 빵집을 찾아 먼 곳까지 다니는 것)'라는 말이 유행한다는 점을 마케팅으로 활용했다는 점도 한몫했다.

특히 SPC삼립의 포켓몬빵이 흥행에 성공하자 '디지몬빵', '케로로빵', '쿠키런빵' 등이 잇따라 출시되며 양산빵의 흥행을 이어가고 있다.

SPC삼립은 2022년 2월, 2000년대 초 인기를 끌었던 포켓몬빵을 재출시했다. 빵 안에 동봉돼 있는 스티커인 '띠부띠부씰'이 포켓몬빵의 인기를 끌어올리는 요인으로 작용했다. 포켓몬빵은 출시 40여 일 만에 1,000만 개 판매를 돌파했고, 2022년 12월을 기준으로 누적 판매 수량은 1억 개를 웃돌았다. 양산빵의 인기는 '현재 진행형'이다.

▨ 점심 먹으러 식당 대신 편의점 가는 직장인들

소비자 가계 부담이 갈수록 커지며 가장 이슈가 된 것은 '런치플레이션(점심+인플레이션의 합성어)'이다. 외식 메뉴 가격이 줄줄이 오르면서 서민들을 중심으로 외식은커녕 한 끼도 지갑 생각을 안 할 수 없는 처지에 놓였다는 볼멘소리가 나올 정도다. 통계청 자료에 따르면 2023년 1월에도 물가가 5.2% 상승했다. 3개월 만에 다시 상승폭이 커진 것인데, 전기, 가스, 수도요금이 30% 가까이 급등한 탓이다. 2023년 초 들어서도 공공요금과 전기료 인상, 한파에 따른 채소 가격 상승 등으로 물가 오름세가 이어질 수밖에 없었다. 코로나19의 여파로 매출이 급감한 자영업자들이 떨어진 매출을 만회하기 위해 가격 조정을 단행해 손실 메우기에 나선 게 외식 물가에 어느 정도 영향을 미쳤다. 무엇보다 2022년 초 러시아, 우크라이나 전쟁이 발발하면서 국제 식량 수급 상황이 악화된 것이 직격탄이 됐다. 자장면, 칼국수 등에 필요한 밀(원맥) 가격이 급등했고 음식 조리에 필수인 식용유 가격마저 크게 뛰면서 자영업자들은 전방위적인 원재료 가격 상승을 맞았다.

2023년에도 외식업계를 둘러싼 악재는 수두룩하다. 2022년과 비교해 음식을 만드는 데 필요한 원재료 가격이 큰 폭으로 오른 데다, 2023년을 기점으로 인건비를 포함한 각종 제반 비용이 큰 폭으로 늘었다. 일례로 식품업체들의 가격인상도 외식 물가 급등을 부채질하는 요소 중 하나로 손꼽힌다. 고추장, 된장, 간장, 식용유 등 음식을 만들 때 기본 식재료로 사용되는 가공식품 가격이 2022년에 큰 폭의 상승세를 보여 외식업체의 식재료 가격 부담은 그 어느 때보다 높다. 이 밖에도 외식 가격인상 요인은 수두룩하다. 2021년 말에서 2022년 초까지 수도권을 중심으로 대형 배달대행 업체들이 지속적으로 배달 기본요금을 인상해서다. 배달비가 오르면 소비자에게 비용 부담이 전가될 가능성이 매우 높다. 통상 배달료는 점주와 고객이 분담하는 구조다.

동네 식당들은 대형 프랜차이즈에 이어 본격적으로 가격인상을 저울질하고 있다. 고물가에 소비자들이 외식과 회식을 자제하려는 분위기가 형성되고 있는 데다, 식재료값마저 천정부지로 치솟고 있어서다. 물가 오름세가 이어지면 매입원가 부담도 가중된다. 대규모 외식 업계는 대량 구매 계약을 진행해 영향이 미미하지만 외식업 자영업자 들은 타격이 크다. 매출절벽에 내몰린 자영업자들이 이번에는 '물가 상승'이라는 또 다른 폭탄까지 떠안았다는 하소연이 절로 나오는 이 유이기도 하다. 버티다 못한 일부 식당들은 이미 메뉴에 적힌 가격을 새롭게 고쳐 썼다. 상황이 이렇다 보니, 식재료 인상에 대한 부담이 당장 소비자에게 전가될 수도 있다는 우려가 나온다. 생활물가가 큰 폭으로 상승하면 자연히 서민, 중산층 가계 경제에 미치는 부담은 커 질 수밖에 없는 구조다. 다만 외식업계에서는 가격인상이 본격화될 경우 외식을 더 자제하는 소비자가 늘어날 수 있다는 점이 문제라고 바라보고 있다. 수지타산을 맞추기 위해 가격을 올렸는데 외식 경기 하락으로 인한 매출 감소는 물론 경제 상황이 더 악화될 수 있다는 우 려다.

이를 바라보는 소비자들은 그야말로 죽을 맛이다. 식비는 선택이 아닌 필수 지출 품목인 데다, 사실상 생존과 직결되는 부분이라는 점 에서 체감도가 훨씬 높다는 반응이다. 매달 소득은 같은데 "월급 빼고 다 오른다"라는 하소연이 절로 나오는 이유이기도 하다. 특히 서울 시 내 직장인들은 가파르게 치솟는 '점심값'에 부담을 호소하고 있다. 최 근 수년 사이 오피스타운을 중심으로 대중적인 음식의 가격이 급격히

소비자의 습관 변화

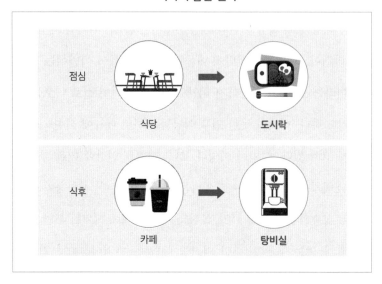

오르면서 1만 원이 넘는 콩국수, 1만 원대 중반의 냉면, 2만 원에 육박하는 삼계탕 등이 속출하고 있다. 광화문, 강남, 여의도 등 서울 시내 주요 오피스 권역圈域 직장인의 체감 외식 물가 상승률은 훨씬 높다. '서민 음식'이라는 이름값이 무색할 정도로 부담이 크다. 가성비가 좋다고 소문난 식당들은 멀리 있고, 대기 줄도 길어 한정된 점심시간 안에 이용하기 어렵다는 게 직장인들의 새로운 고충으로 자리 잡았다.

▨ 런치플레이션에 '실속파' 증가

상황이 이렇다 보니 요즘 직장인들에게 가장 큰 화제는 '점심값'이다. 연이은 밥상 물가 상승으로 주머니 사정에 직격타를 맞은 직장인들 사이에서 '런치플레이션'은 일상 용어가 됐다. 높아진 물가에 덜 부담스러운 가격으로 점심을 해결하고 싶은 직장인들이 많아지면서 도시락에 대한 관심도 덩달아 높아졌다. 세계적인 식품 가격 인상으로 외식 물가가 상승하면서 직장인들의 주머니 사정이 팍팍해진 탓이다. 엔데믹 이후 재택근무가 해제되면서 거의 매일 출근하는 직장인들 사이에서는 점심 식사 비용 인상이 더 부담스러울 수밖에 없어졌다.

편의점 업계는 이때를 놓치지 않았다. 보다 저렴한 가격의 도시락 메뉴를 출시하거나 강화하며 소비자의 수요를 맞추기 시작했다. 저칼로리, 저나트륨 등 건강까지 고려한 상품들이 대거 출시하면서 편의점 도시락을 믿고 선택하게 만들었다. 다양한 메뉴 역시 선호도 상승에 영향을 미쳤다. 영양학적 지식을 갖춘 전문가가 지역 특산물을 활용해 품질을 크게 끌어올렸다. 그러자 자연스럽게 직장인들의 대안으로 떠올랐다. 가격뿐 아니라 품질에 대한 신뢰도가 크게 향상되면서 편의점 도시락을 한 끼 식사로 선택하는 고객이 크게 늘었다.

편의점 업계는 스타마케팅도 열심히 했다. CU와 GS25가 배우 김혜자와 기업인 백종원을 앞세워 간편식 마케팅에 열을 올리기 시작했다. '간단한 한 끼' 대신 '제대로 된 한 끼'에 집중해 퀄리티를 올리면서 간편식 강자 굳히기에 들어갔다. 실제로 2011년부터 2015년까지의 연간 도시락 매출 증가율은 10~60% 정도였으나, 2022년 한 해 동안에는 매출이 무려 180% 가까이 늘었다. 2022년에는 백종원의 '한판도시락'이 편의점 업계의 절대 강자 소주를 따돌리고 매출 1위를 기록하기도 했다. 김혜자와 백종원으로 대표되는 편의점 도시락은 편의점의 효자 상품으로 2010년대 중후반을 점령했다. 2014년만 해도 한 자릿수 성장률을 보이던 즉석식품 매출은 2015년 두 자릿수로 커지더니 급기야 2016년의 한 해 매출 성장률은 50%에 육박했다.

도시락 시장이 커지자 편의점 업계에서는 본격적으로 소비자를 잡아두기 위해 머리를 쓰기 시작했다. 쿠폰 할인과 구독경제 등 프로모션 정책을 적극 펼쳤다. 편의점을 찾는 알뜰소비자가 많아지면서, 충성도 높은 단골 고객을 '락인Lock-in(소비자를 잡아둔다는 뜻)'해야 한다는 분위기가 영향을 미쳤다. 2022년 하반기 들어 구독형 쿠폰으로 할인 구매할 수 있는 편의점 품목이 배로 확대되고, 단일상품만이 아닌 기획 상품이나 인기상품 등 서로 다른 카테고리의 제품을 교차해 구입할 수 있는 콘셉트의 구독형 쿠폰까지 나오게 된 배경이다. 온라인동영상서비스OTT 분야의 핵심인 구독경제 모델이 이제 편의점으로 확대된 것이다.

실제로 편의점계의 톱2인 CU와 GS25가 구독 서비스에 앞장서고 있다. 고물가 시대에 편의점에서 알뜰 소비를 하는 이들이 늘어나면서 할인을 받을 수 있는 구독쿠폰 사용이 늘고 있어서다. CU의 구독쿠폰은 한 달에 1,000~4,000원에 특정 카테고리의 쿠폰을 미리 구매해 정해진 횟수만큼 최대 20% 할인된 가격으로 상품을 구매할 수 있다. GS25의 '한끼플러스'의 경우, 한 달 동안 총 15개 상품 구매 시 각 20% 할인이 가능하다.

▒ 예견된 승부

간단하게 집밥의 호사를 누리게 해주는 편의점 도시락은 직장인의 소울 푸드Soul Food가 되었다. 이렇게 되기까지 편의점은 오랜 시간 간편식 만들기에 공을 들여왔다. 10여 년간 대중과 호흡하며 진화를 거듭한 도시락 변천사에는 당대 한국인의 고민과 시대상이 고스란히 담겨있다. 편의점 도시락이 태동한 것은 2009년이다. 국내 편의점에서 도시락 형태의 먹거리를 선보인 것은 1990년대 초반이지만, 큰 인기를 끌지 못하고 금방 사라졌다. 가격이 걸림돌로 작용했다. 당시 업계에서는 편의점 도시락이 3,000원을 넘으면 소비자들에게 외면당할 거라는 우려가 컸다. '싼 게 비지떡'이라는 편의점 도시락에 대한 소비자들의 인식과 가격에 대한 장벽 및 괴리감을 넘지 못했다. 하지만 주요 편의점 업체들은 포기하지 않고 소비자의 눈높이에 맞춰 도시락 품질을 업그레이드하기 시작했다. 높아진 품질에 합리적인 가격까지 더해지자 편의점 도시락에 대한 소비자의 인식도 덩달아 높아지면서, 2015년을 기점으로 편의점 도시락은 본격적인 성장기에 들어섰다.

그렇다면 2009년에 편의점 업계가 도시락에 주목한 이유는 무엇일까. 바로 전년도에 촉발된 글로벌 금융위기 탓이다. 경제 불황 속 고공 행진하는 물가와 언제 닥칠지 모르는 구조조정에 떠는 직장인들에게 외식은 호화로운 사치였다. 값싸고 푸짐한 편의점 도시락은 이들을 위한 든든한 한 끼 식사로 주목을 받기 시작했고 비로소 시장성을 갖추게 됐다. 대표적인 제품으로는 당시 훼미리마트였던 CU의 '소불고기 도시락', '제육볶음 도시락' 등이 있다. 치열한 경쟁은 '퀀텀 점프'로 이어진다. 업계는 편의점 도시락 매출이 가장 크게 뛴 시기를 2016년도로 꼽는다. 각 사가 시장성이 높은 상품을 집중적으로 만들어 내면서 소비자들로부터 편의점 도시락이라는 인지도와 신뢰도를 쌓기 시작한 시기다. 2016년 도시락 매출은 GS25가 전년보다 176.9%, CU가 168.3%, 세븐일레븐이 152.1% 성장하며 세 자릿수 신장률을 보였다. 당시 유행했던 신조어 중 하나가 '편도족(편의점 도시락+족族)'이었다는 점만 봐도 도시락의 열기가 얼마나 뜨거웠는지 짐작할 수 있는 대목이다.

업계의 마케팅 경쟁도 볼거리였다. GS25의 혜자 도시락, CU의 백종원 도시락, 세븐일레븐의 혜리 도시락 등 각 사마다 저마다의 대표 브랜드를 내걸고 다양하고 이색적인 도시락 상품을 쏟아내기 시작했다. 물론 겉만 번지르르했던 것은 아니다. 업계는 품질과 서비스를 차별화하기 위해 다양한 시도를 했다. CU는 셰프를 비롯해 밥 소믈리에, 소스 전문가 등으로 구성된 '상품연구소'를 열었다. GS25는 도시락의 신뢰도를 높이기 위해 업계 최초로 도시락에 영양성분을 표시하기 시작했으며, 전국 점포에서 도시락 예약 주문 서비스를 선보이는 경쟁력으로 도시락 혁신을 꾀했다. 이에 한솥, 본도시락 등 전통적으로 단체 도시락을 취급해 오던 프랜차이즈와도 경쟁할 수 있는 수준에 도달했다. 최근에는 도시락을 먹는 공간도 크게 진화했다. 대표적으로 세븐일레븐은 2014년 카페형 편의점을 출점하기 시작, 휴게 공간을 구성하고 도시락 등을 편히 먹을 수 있는 공간을 조성해 운영하고 있다. 또 2019년에는 아예 간편식 특화 매장 '푸드드림'을 출점하는데 속도를 내고 있다.

▥ 모든 소비자에게는 '습관'이 있다

모든 소비자에게는 행동 패턴이 있다. 예를 들어 점심시간이 된 직장인은 끼니를 해결하기 위해 식당에 간다. 식당보다 더 훌륭한 대안이 있을지도 모르지만 굳이 고민하지 않는다. 소비할 때마다 수많은 선택지를 두고 비교하는 것은 너무 비효율적이므로 관습에 따라 움직인다. 그런데 불황이 너무 컸던 것일까. 소비자가 결국 습관을 바꿨다. 가성비를 찾는 이들이 늘어나며 식당이 아닌 편의점으로 향하는 직장인도 증가했다. 덕분에 편의점은 호황을 누리고 있지만, 반대로 누군가는 손해를 보게 되었다. 바로 도시락 업계의 전통 강자들이다. 전통적 도시락 업체와 편의점 사이에 간편식 경쟁이 본격화되자 기존 도시락 업체들도 이에 대응할 마케팅 전략을 고심해야 했다. 기존 도시락 업체들이 편의점보다 낮은 가격에 도시락을 제공하기는 어렵기 때문이다.

이들은 새로운 전략을 택해야 했고, 이들 역시 '소비자의 습관 변화'라는 카드를 꺼냈다. 바로 코로나19로 인한 습관 변화였다. 팬데믹으로 인해 회사 구내식당이 문을 닫기 시작하고, 위생 차원에서 각자 따로 먹는 식문화가 유행하면서 배달 주문이 가능하면서도 홀로 한 상차림을 즐길 수 있는 도시락이 인기를 얻기 시작했다. 당시 감염의 우려가 큰 식당을 대신해 도시락 전문점의 도시락으로 식사를 해결하는 직장인이 급증하면서 매출에 긍정적인 영향을 받았다. 가격 대비 우수한 품질과 다양한 메뉴가 등장하면서 장기 불황 속 소비자를 끌어들이는 주요 배경으로 작용했다.

이에 프랜차이즈 도시락 업계에서는 재도약을 위한 날갯짓을 시작했다. 당시 사회적 거리두기로 매장을 방문하는 소비자들이 갈수록 줄고 있다는 점에 착안해 아예 집까지 가져다주는 전략을 택했다. 방문 객수와 비례해 줄어든 매출을 방어하고 가맹점들의 숨통을 트여주기 위한 특단의 조치였다. 여기에 마케팅 활동에도 변화를 주기 시작했다. 기존에는 반드시 매장을 찾아야만 먹을 수 있었던 메뉴를 도시락으로 만드는 등 소비자 공략에 두 팔을 걷어붙였다.

전통 도시락 업계는 이 시기를 절호의 기회로 바라봤다. 이들은 편의점으로부터 빼앗긴 주도권을 다시 찾아오겠다는 각오로 경쟁력 강화에 힘을 주기 시작했다. 높아진 품질에 합리적인 가격을 앞세워 간단하게 집밥의 호사를 누리게 해주겠다는 공통의 목표로 경쟁력 강화에 착수했다. 물가상승이 지속되며 1인 가구뿐 아니라 혼밥이 일상이 되면서, 이 시장에 '절대 강자'로서 주도권을 쥐기 위함이다. 직장인의 입맛을 저격할 만한 메뉴 개발에 열을 올리는가 하면, 도시락의 '얼굴'로 부상한 모델을 재기용해 두 번째 도약을 꿈꾸는 등 업계별 노력도 다양하다. 도시락 시장에서 편의점과 치열하게 경쟁하는 프랜차이즈 브랜드는 한솥도시락과 본도시락이다. 2023년 2월 기준 한솥도시락은 772여 개, 본도시락은 431여 개의 매장을 운영하고 있다. 점포 수에선 한솥이, 매출에선 본이 1위다. 한솥도시락은 상품으로 승부한다. 10~20대를 겨냥한 신제품을 매달 내놓는다. 스테디셀러로 유명한 '치킨마요 도시락'은 다양한 신제품으로 변형돼 나오며 매출을 이끌고 있다.

또한 한솥은 국내에 처음으로 테이크아웃 도시락을 도입하며 도시락 시장을 선도해 왔다. 현재까지 프랜차이즈 도시락 시장 점유율 1위를 기록하고 있다. 한솥은 오프라인 매장 위주의 메뉴 구성과 합리적인 가격, 마케팅 등을 통해 소비자의 재방문을 유도하며 성장하고 있다. 국내산 식재료만 사용하고, 주요 소비층으로 떠오른 MZ세대와 적극적으로 소통하기 위한 마케팅 활동에 집중하고 있다. 일례로 2023년 1월에는 인스타 툰 키크니 작가와 협업을 진행, 도시락 스토리를 활용한 툰을 공개하고 이벤트를 성공적으로 마쳤다. 2월에는 MZ세대는 물론 전 연령대에서 사랑받고 있는 트로트 열풍에 힘입어 불타는 트롯맨를 활용해 고객 참여 이벤트를 진행했다.

경쟁사 본도시락은 한솥과는 달리 프리미엄, 배달 시장을 적극 공략하고 있다. 저가에 한 끼 때우는 식사 대용이라는 이미지에서 벗어나 '잘 차린 한 상'을 콘셉트로 프리미엄 도시락 시장에서의 공고한 위치를 지니고 있다. 관계자에 따르면 본도시락은 '본죽'이라는 대표 한식 브랜드의 성공 노하우를 기반으로 '한식' 중심의 메뉴 판매를 통하여 우리나라 사람들의 입맛에 잘 맞는 맛을 구현, 고객들의 높은 만족도를 이끌어 냈다. 다양한 고객의 수요와 취식 TPO에 맞춘 메뉴와 가격대를 갖추고 있다. 특히 B2B 시장을 적극 확장하고 있다. 군부대 외식데이로 군장병들에게 특식을 제공하는 특수 시장을 공략 중이다. 군납품 이력을 통한 노하우와 전국 가맹점 인프라를 활용해 육군, 해군, 공군부대의 외식데이를 지속적으로 확대해 가고 있다. 결과는 긍정적이다. 2022년 B2B 매출만 전년 대비 20% 성장했다.

최근 외식업계의 도시락 시장 진출도 활발해지고 있다. 기존에 매장을 찾아서 먹어야 했던 메뉴를 도시락으로 만들어 출시하거나 외식 사업에서 쌓은 노하우를 바탕으로 아예 새로운 메뉴를 내세우는 등 소비자 공략에 분주하다. 코로나19 이후 외식 창업 시장의 키워드는 '소자본', '배달 및 테이크아웃', '건강'으로 요약된다. 장기 불황과 비대면 트렌드, 감염병과 건강에 대한 관심이 맞물리면서 새로운 트렌드가 형성됐다.

업계에 따르면 도시락 시장은 현재 1조 원 규모에 이른다. 1~2인 가구의 증가와 더불어 간편하게 점심을 즐기는 직장인이 늘면서 도시락 시장이 더욱 성장할 것으로 업계에서는 내다보고 있다. 이를 배경으로 도시락 업체들은 매출 강화를 위해 적극적으로 움직이고 있다. 다만, 도시락 시장은 이미 편의점 시장과 기존 전통 도시락 업체로 양분된 상황이라는 점이 업계의 위기로 통한다. 높은 가격대와 메뉴 구성 측면에서 특별한 차별점이 없다는 게 향후 극복해야 하는 한계점으로 분석되기도 한다. 그럼에도 외식업계의 도시락 진출은 향후에도 활발해질 것으로 보인다. 홀 매출에만 의존하지 않아도 된다는 점에서 가맹점주들의 반응도 좋고 매출에도 유의미한 성과를 보이고 있어서다. 국, 탕, 찌개 등 외식업체의 자체적인 노하우를 담은 다양한 메뉴를 선보일 수 있다는 점도 하나의 장점으로 작용할 수 있다.

▓ 아침 식사 시장도 동반 성장

외식과 관련한 소비자 습관 중 변화하고 있는 것이 하나 더 있다. 바로 아침 식사다. 그동안의 '밥장사'는 크게 둘로 나눌 수 있었다. 점심 장사와 저녁 장사다. 그런데 지금까지 외식의 범위에 들어오지 않았던 '아침 식사' 시장이 성장하고 있다. 코로나19의 팬데믹이 엔데믹으로 전환되면서 통학 및 출근을 하는 학생과 직장인이 늘어난 데다,

급격한 물가상승의 여파로 가성비 메뉴들이 각광을 받으면서다. 이런 흐름을 가장 빨리 읽은 곳은 단연 편의점 업계다. 주요 편의점 업체들은 발 빠르게 수요를 선점하기 위해 빵과 우유, 샐러드와 커피 등 식사가 될 만한 메뉴를 묶어 모닝세트를 판매하기 시작했다. 편의점 조식 메뉴는 대부분 5,000원대 내외로 즐길 수 있어 상대적으로 부담이 덜하다.

한때 코로나로 인해 집밥 문화가 늘면서 대학가 등 특수 상권에 위치한 편의점 점포들이 직격탄을 받았다. 재택근무의 활성화와 등교 제한에 따라 주 소비층인 회사원과 학생의 수요가 줄어들면서 매출을

편의점의 판매량 변화(오전 6~10시 사이)

샌드위치
33.6% 증가

삼각김밥
25.0% 증가

샐러드
19.8% 증가

2022년 12월 기준, 전년 동월 대비 증가율
자료: BGF 리테일

방어해 내지 못했다. 그러나 엔데믹 전환과 함께 외식 물가가 급등하면서 반전을 맞았다. 편의점에서 가볍게 아침 식사를 해결하려는 수요가 크게 늘었다. 1~2인 가구의 증가와 함께 아침 식사 단가가 올라가면서 긍정적인 영향을 받았다. 편의점 업계는 코로나19 당시 재택근무, 원격수업 등으로 유동 인구가 줄어 아침 식사 시장이 쪼그라들었지만 엔데믹을 맞아 통근, 통학 인원이 늘어나고 수요가 증가하면서 아침 식사 메뉴를 기획하게 됐다. 최근 급격한 인플레이션의 영향으로 아침 식사를 챙기기 부담스러워진 것에 대한 대응으로 브런치세트를 구성해 합리적인 가격으로 식사를 해결할 수 있도록 한 것이다.

편의점은 1990년대부터 이미 삼각김밥이 아이코닉 상품으로 인식될 만큼 아침 식사 시장에 깊숙이 관여하고 있다. 그동안 편의점 업체들의 관심은 아침 식사 시장보다 가정 간편식 개발에 치중돼 있었다. 그러나 최근 편의점표 가정 간편식이 아침 식사 시장에서 큰 인기를 끌면서 두 마리 토끼를 한꺼번에 잡기 위한 노력에 착수했다. 모닝세트 판매가 대표적이다. 거리 곳곳에 포진해 있는 편의점은 '용이한 접근성' 덕분에 아침 식사 시장에서 가장 유리한 고지를 점유하고 있다. 더엔피디그룹의 2017년 조사를 살펴봐도, 아침 식사를 밖에서 해결하는 소비자의 42%가 편의점을 이용하고 있는 것으로 나타났다. 이에 업체들은 아침 대용식 상품 개발에 박차를 가하는 한편, 이를 소비자들이 많이 사 먹을 수 있도록 다양한 할인 행사를 진행했다. 현재 편의점은 샌드위치, 주먹밥, 김밥 등 고객의 취향을 모두 담을 수 있는 상품 구색을 갖추고 있다. 여기에 가심비까지 만족시킬 수 있는 고품질로, 타 업계와 비교해 큰 경쟁력이 있다. 아침밥 장사에 자신 있게 뛰어든 이유다. 이처럼 세상의 모든 마케터는 소비자의 마음을 궁금해한다. 장기 불황의 조짐이 보이는 현재 시점에서 소비자의 마음이 어디로 흐르는지 반드시 체크해야 할 것이다. 아침식사 수요가 커지자 편의점 업계가 아침 식사 시장에 본격적으로 발을 들인 것처럼.

신제품 개발보다 중요한
기존 제품 리뉴얼 공식

▓ "샀다가 망하면 어떻게 해?"

대공황급 세계 경기침체가 각종 신제품 개발에까지 영향을 미치고 있다. 불황으로 소비자들이 보수적인 소비를 지향하면서 자연히 신제품보다는 기존의 인기상품을 선호한다는 이유에서다. 통상 기업들은 눈앞에 닥친 불황보다 앞날을 예측하기 힘든 불확실성에 더욱 민감하게 반응한다. 글로벌 긴축 기조가 뚜렷해지고 무역분쟁이 장기화하자 연구개발 및 투자를 눈에 띄게 줄이는 이유다. 소비 시장이 얼어붙은 가운데 부동산과 주식 등 자산 시장마저 불안해지면서 기업들이 허리띠를 바짝 조여 매고 있는 모습이다.

움츠러드는 기업의 현실은 신제품만 살펴봐도 나타난다. 각종 업계는 기존의 메가 히트 상품의 '파생 상품'으로 승부수를 보고 있다. 얇아진 주머니 사정에 소비자들이 새로운 상품 대신에 검증받은 히트 상품으로 안전한 소비를 하면서 업계도 신제품보다는 기존 상품에 새로움을 더하는 수준으로 제품을 내놓고 있다. 실제로 마트를 가보면 출시된 지 20~30년이 지난 장수 브랜드들이 여전히 시장을 주도하고 있다. 과자를 예로 들어보자. 롯데제과의 꼬깔콘, 빼빼로, 몽쉘, 오리온의 초코파이, 포카칩, 오징어땅콩, 해태제과의 홈런볼, 맛동산, 오예스, 농심의 새우깡, 바나나킥 등을 꼽을 수 있다.

이처럼 기업들은 신제품을 개발하기보다는 기존 제품에 '현 트렌드'를 빠르게 입혀나가고 있다. 불황기엔 신제품을 덜 내고 '아는 맛'에 집중하는 게 업계의 불문율이다. 기업들은 젊은 층을 공략하기 위해 수십 년간 시장을 휘어잡은 장수 제품들을 속속 업그레이드하고 있다. 오리지널에 현재 유행하고 있는 특성을 입히는 게 대표적인 예시다. 신제품 개발 비용을 줄이는 대신 기존 제품에 새로운 생명을 불어넣는 데 주력하고 있는 것이다. 검증받은 제품을 활용해 파생 상품을 출시할 경우 기존의 단골 소비자를 붙잡는 것은 물론, 새 고객까지 유입할 수 있다는 장점이 크다.

국내 과자 판매량 1~10위

순위	과자	출시연도	판매액
1	농심 새우깡	1971	823억 원
2	하리보 젤리	1920	652억 원
3	해태 홈런볼	1981	602억 원
4	롯데 빼빼로	1983	599억 원
5	오리온 포카칩	1988	583억 원
6	오리온 초코파이	1974	570억 원
7	롯데 꼬깔콘	1983	564억 원
8	롯데 자일리톨껌	1994	554억 원
9	켈로그 프링글스	1968	481억 원
10	롯데 가나초콜릿	1975	432억 원

2022년 1~9월 누적 기준
자료: 닐슨IQ코리아

해태제과는 1974년에 출시된 '에이스'의 새로운 맛 '뉴욕치즈케이크'를 2021년 2월 선보였다. 크래커 중 '부동의 1위'를 유지하는 에이스는 담백한 맛으로 그동안 달달한 커피와 찰떡궁합을 자랑했다. 하지만 쌉쌀한 아메리카노를 즐기는 트렌드가 지속되자 해태제과는 연구개발 끝에 아메리카노와 어울리는 최적의 맛을 찾아냈다. 이렇게 탄생한 에이스 뉴욕치즈케이크는 기존의 에이스보다 소금 함유량이 절반으로 줄었고 달달함과 함께 치즈의 진한 풍미를 뽐낸다. 해태제과는 같은 해 비스킷류 1위인 '홈런볼 딸기'도 5년 만에 시장에 복귀

시켰다. 슈 과자 안에 원래 들어가던 초콜릿 대신 논산에서 제철 재배한 특등급 딸기를 사용한 크림을 넣었다. 홈런볼은 2020년 연 매출 900억 원을 넘어선 제과업계의 '메가 브랜드(연 매출 500억 원 이상)' 상품이다. 해태제과는 홈런볼 '논산 딸기맛'이 연 매출 1,000억 원을 돌파하는 발판이 될지 주목하고 있다.

해태제과는 이 밖에도 다양한 장수 브랜드 상품을 활용해 시장을 주도해 나가고 있다. 2023년에도 장수 브랜드인 오예스를 중심으로 신제품 출시를 이어가며 불황을 극복해 나가고 있다. 올해 3월 프리미엄 시즌 에디션 '세븐베리즈'를 내놓았고, 앞서 지난해에도 봄 시즌 에디션 '딸기치즈케이크'에 이어, 가을에만 맛볼 수 있는 오예스 시즌 한정판 '아인슈페너' 등을 잇따라 선보인 바 있다. 경쟁사도 비슷한 전략에 착수한 지 오래다. 롯데제과는 지난해, 출시 20년 된 '빈츠'의 확장판인 '빈츠 카페모카'를 내놨다. 연 매출 300억 원을 자랑하는 빈츠는 초코과자류 중 빼빼로 다음으로 인기가 높다. 원래 효자상품인데 2022년에는 전년보다 15%가량 판매가 증가했다. 롯데제과는 코로나19로 홈 카페족이 늘면서 '홈 카페용 디저트' 수요가 많아진 것으로 분석하고 과자에 커피와 시나몬향을 입혔다.

▮▮ 단종된 제품이 부활하는 까닭

업계에서는 불황을 이기는 또 다른 방법으로 기존에 단종됐던 인기상품을 재출시하는 방법에도 주목하고 있다. 일례로 오리온은 2016년 단종됐던 스낵 '치킨팝'을 2019년 재출시했다. 단종 이후에도 오리온 홈페이지를 통해 소비자들이 재출시를 요구하자 회사 측에서 이를 받아들였다. 2018년 재출시된 오리온 스낵 '썬'도 비슷한 사례다. 경쟁사 롯데제과 역시 2021년 추억의 아이스크림 '조안나바'를 6년 만에 다시 선보였다. 1991년 출시된 장수 제품으로 90년대에 인기를 끌다 2015년 단종됐다. 재출시된 조안나바는 과거에 비해 우유 및 과즙 함량을 대폭 늘려 품질을 한층 업그레이드했다. 포장 형

실패하지 않기 위해 '아는 맛'을 찾는 현상

익숙한 제품	새로 개발된 낯선 제품

태도 친환경을 고려해 기존 비닐 봉투에서 종이 상자로 변경했다. 편의점을 휩쓸었던 포켓몬빵도 빠트릴 수 없는 재출시의 대표 사례다. SPC삼립의 포켓몬빵은 레트로Retro 열풍으로 밀레니얼세대 사이에서 재조명되면서 2022년 2월 재출시해 43일 만에 1,000만 개가 넘게 판매되는 등 시장의 돌풍을 일으켰다. 포켓몬 '띠부띠부씰'이 든 포켓몬빵은 소비자들이 개장 전부터 줄을 서는 '오픈런' 현상과 '리세일' 열풍을 만들었다.

제과업계의 장수 브랜드 의존 현상은 앞으로도 지속될 전망이다. 소비자들이 익숙한 맛을 원함과 동시에 새로움을 지속적으로 추구하기 때문이다. 무엇보다 현재 제과업계는 코로나19로 인한 물류비 상승에 더해 러시아와 우크라이나의 전쟁 여파까지 맞물리면서 원자재값 상승이 지속되고 있다. 과자의 주 원재료인 옥수수, 밀가루, 팜유 등의 가격은 2022년 대비 최대 70~80% 이상 올랐고, 제품 생산 시 사용하는 에너지 비용도 90% 이상 치솟았다. 하지만 정부는 기업들의 먹거리 가격 인상이 부당하다고 지적하고 있다. 원자재값 안정세가 예상되고 기업들의 매출과 영업이익이 상승하는 상황에서 굳이 가격을 올릴 이유가 없다는 시각이다. 이 때문에 기업들은 수익성 악화에도 울며 겨자 먹기로 가격 상승을 자제하며 제품 투자 개발에 대한 여력을 줄이는 쪽으로 숨통을 유지하고 있다. 다만 지금처럼 기존의 인기상품을 활용해 신제품을 출시할 경우 안정된 고객층을 확보하는 동시에 스테디셀러로서의 입지를 다질 수 있다는 점에서 '안전한 투자'를 채택하는 분위기다. 더욱이 신제품 대비 마케팅 비용 절감 및 매출 증대 효과를 기대할 수 있어 일석이조의 효과를 누릴 수 있다. 그러나 파생상품만 지속적으로 출시한다면 신제품 투자에 대해 소극적이라는 비판에서 자유롭기 어렵다. 이에 대한 의견에 기업들은 억울하다고 입을 모은다. 플레이버 확장 역시 연구개발이 반드시 선행돼야 가능한 일이기 때문이다.

▮▮▮ 새로운 구매층을 잡아라

제과업계에서는 어려움을 극복하기 위해 발상을 전환하기 시작했다. 과자를 먹는 수요층을 대폭 확대하고자 한 것이다. 업계는 아이들이 먹는 간식에서 어른이 찾아 먹을 수 있는 간식으로 대폭 확장해야겠다고 생각했다. 줄어드는 출산율에 더는 아이들만으로는 성장할 수 없다고 판단한 것이 주요 배경이 됐다. 현재 한국의 출산율은 세계 최저 수준이다. 이미 제과업계와 유제품 업계는 줄어드는 과자, 우유 소비에 국내 매출이 지속적으로 감소세를 그릴 정도다. 기업들은 과자를 먹는 성인을 노린 마케팅과 제품 개발에 나서면서 다양한 제품을 쏟아내기 시작했다. 웰빙으로 대변되는 떡, 청국장, 누룽지 같은 전통 음식을 주원료로 사용하는 한편, 특화된 기능성과 건강 지향성을 보여주려는 노력을 이어가고 있다.

기업들의 전략은 적중했다. 성인의 취향을 저격하기 시작하면서 다시 매출에 상승 곡선을 그리기 시작했다. 레트로 열풍이 먹거리에도 확산하면서 어르신이 즐겨 찾던 전통 간식이 2030세대에게 인기를 얻었다. 실제로 KB국민카드에 따르면, 2019~2022년 디저트 전문점의 신용, 체크카드 매출액, 신규가맹점 비중을 분석한 결과 떡, 한과 전문점 매출액 증가율은 66%로 디저트 제품 1위를 기록했다. 연령별 매출 비중을 보면 떡, 한과의 주요 소비층은 여전히 5060세대 장년층이다. 하지만 떡, 한과 매출 중 20대의 비중이 2019년 5.5%에서 2022년 7.7%로 2.2퍼센트포인트 상승해 타 연령에 비해 가장 많이 늘어났다. 2030세대의 전통 간식에 대한 관심을 확인할 수 있는 부분이다. 이처럼 관련 수요가 늘자 업계에서는 관련 제품을 연상케 하는 여러 제품을 쏟아내기 시작했다. 풀무원 올가홀푸드는 국내산 쌀로 만든 전통 과자 '구워 만든 우리 쌀 전병'을 선보였다. 풀무원은 2023년을 'K-간식' 원년으로 삼고 신제품 호떡과 트위스트 꽈배기 등의 간편식을 출시하기도 했다.

급기야 이런 열풍은 할매니얼 트렌드로도 이어졌다. '할매니얼'은 할머니의 사투리인 '할매'와 1980년대 초부터 2000년대 초 사이에 출생한 '밀레니얼'을 합친 말로 할머니들이 입고 먹는 음식을 좋아하는 밀레니얼세대를 의미한다. 대표적으로 흑임자, 팥, 인절미 등이 할매니얼이 '픽'한 음식이다. 이 때문에 식품업계에서도 이러한 재료를 이용한 음식을 출시하고 있다. 실제로 인터파크쇼핑이 2023년 4월 1일부터 7월 25일까지 식품 카테고리 판매량을 분석한 결과에 따르면, 추억의 레트로 간식류 거래액은 전년 동월 대비 58% 급증했다. 인스타그램에도 '할매입맛'을 검색하면 5만 개에 육박하는 게시물이 나올 정도로 젊은 세대는 어르신들이 좋아할 만한 음식에 대한 관심이 높다. 대표적인 성공 사례로 오리온에서 출시한 '꼬북칩 달콩 인절미맛'이 있다. 이 제품은 출시된 지 3개월 만에 누적 매출 40억 원을 기록했다. 꼬북칩은 콘스프맛, 달콩 인절미맛, 초코 츄러스맛이 있는데 그중 달콩 인절미맛은 월평균 10억 원대의 매출을 기록하고 있다. 오리온은 1020 젊은 세대들이 한국의 전통 디저트에 익숙하고 특히 인절미맛을 선호한다는 점에 착안해 이 제품을 출시했다고 밝혔다.

제과업계도 아이들의 간식으로 여겨졌던 젤리를 성인들도 즐길 수 있는 간식으로 재편하는 데 속도를 내면서 재미를 제대로 봤다. 껌에 비해 다양한 맛과 모양, 식감을 낼 수 있는 젤리의 특성을 활용해 저마다 특색 있는 이색 젤리를 쏟아내면서 대박을 쳤다. 젤리는 인기가 늘면서 업체 내에서 효자상품 노릇을 톡톡히 했다. SNS를 중심으로 일명 '젤리 먹방'이 국내외에서 인기를 끌면서 어린아이들을 넘어 2030 여성 등 성인에 이르기까지 소비층이 대폭 확장됐다. 이에 롯데제과는 2018년 1월 '젤리셔스'라는 젤리 통합 브랜드를 만들었고, 2022년 200억 원 수준의 매출을 올리기도 했다.

업계에서는 '커스터마이징Customizing(개인화)' 서비스를 고도화하는 전략을 통해 성인 수요를 흡수하고 있기도 하다. 똑같은 기성 제품을 거부하는 MZ세대를 겨냥해 개인 맞춤형 서비스로 지갑을 열도록 하겠다는 전략이다. 커스터마이징은 티셔츠나 신발에 이름을 새기는 단순 각인 서비스부터 맞춤형 건강기능식품이나 화장품 등 신사업 형태로도 시장에 빠르게 파고들고 있다. 이 같은 흐름은 식품업계에서도 포착된다. 농심이 공식 몰에서 운영 중인 '농꾸' 서비스가 대표적 사례다. 농꾸는 농심의 대표 스낵과 라면 패키지에 원하는 사진과 문구를 넣어주는 서비스로, 한 달에 1,000건씩을 접수받아 진행하고 있다. 이에 힘입어 농심 몰의 회원 가입자(22년 12월~23년 2월) 수 역시 서비스를 시작한 이후 3개월간 월평균 65%가량 증가했다.

식품업계는 본격적으로 '과자 먹는 성인'을 잡기 위해 두 팔을 걷어붙였다. 안주용 과자 만들기를 통해 난국을 뚫고 있다. 오리온의 행보가 가장 돋보인다. 오리온은 2020 도쿄올림픽을 앞두고 출시한 안주형 과자 '고추칩'으로 쏠쏠한 재미를 봤다. 고추칩은 출시 기획 단계부터 맥주를 마시는 성인을 주 소비층으로 겨냥한 제품이다. 맥주와 어울리는 고추튀김 맛을 전략적으로 선택했다. 오리온 관계자는 "상품 개발 관계자들이 서울 신사동, 망원동 등 전국의 유명 고추튀김 맛집을 돌아다니며 한국인들이 좋아하는 맛을 살려냈다"라고 말했다. 오리온 고추칩은 출시한 지 석 달도 되지 않아 100만 개 이상 팔렸다.

이를 바라본 다른 식품 기업들도 기존 인기 과자에 마라나 청양고추 등 매운맛을 첨가한 신제품을 속속 내놓고 있다. 매운맛 제품이 어른들의 술안주로 인기가 있어서다. 매운맛 과자는 저출산의 여파로 아동 수가 감소한 상황에서 어른들의 과자 소비를 늘리기 위한 새로운 대안으로 떠오르고 있다. 실제로 농심은 2023년 2월 신제품 '포테토칩 엽떡오리지널맛'을 출시했다. 포테토칩의 얇고 바삭한 식감에 먹을수록 쌓이는 자극적이면서도 중독적인 매운맛이 특징으로, '홈술러'들의 안주를 겨냥해 만들었다. 현재 포테토칩은 오리지널, 사워크림어니언, 육개장사발면맛 등 3종이 판매되고 있다.

▓ 장수 과자의 '착한 변신'

최근 장수 과자가 착한 변신을 시도하고 있다. 코로나19 팬데믹을 거치며 중장년층뿐만 아니라 젊은 세대까지 '건강 관리' 관련 소비가 크게 늘어나면서다. 즐겁게 건강을 관리한다는 의미의 '헬시 플레저Healthy Pleasure' 트렌드가 새롭게 각광받기 시작하면서 부담 없이 먹을 수 있는 식품 만들기에 착수했다. 설탕이 아닌 대체감미료를 넣은 '제로 슈거Zero Sugar' 제품이 그 주인공이다. 맛은 맛대로, 건강은 건강대로 지키려는 소비자의 수요를 빠르게 반영했다. 일반적으로 설탕은 비만, 혈중 포도당 증가 등의 원인으로 작용해 과다 섭취 시 건강에 악영향을 줄 수 있다. 반면, 식품에 단맛을 내기 위해 첨가하는 스테비아, 아스파탐과 같은 인공감미료는 설탕보다 훨씬 적은 양으로 강한 단맛을 낼 뿐 아니라 칼로리도 없거나 매우 낮아 식품산업의 혁신적인 물질로 꼽힌다.

식품업계는 소비자들에게 익숙한 장수 제품을 활용해 신제품을 만들고 있다. 기존 제품을 활용할 경우 브랜드 인지도와 선호도를 그대로 가져갈 수 있고, 기존 브랜드에 신선한 느낌을 더할 수 있다는 장점이 크기 때문이다. 신규 브랜드는 제품을 알리는 비용과 노력이 많이 들어가는데 익숙한 제품을 활용하면 이를 효과적으로 줄일 수 있다.

제로 슈거 제품 만들기에는 음료업계가 가장 적극적이다. 시장조사기관 유로모니터에 따르면 시장 규모가 2020년에는 1,319억 원에 그쳤지만 2021년에는 2,189억 원을 넘었고, 2022년에는 3,000억 원을 넘어선 것으로 추정된다. 국내 시장에선 한국코카콜라, 롯데칠성음료, 농심 등이 관련 제품을 앞다퉈 선보이고 있다. 한국코카콜라는 2022년 '닥터페퍼 제로'에 이어 다음 해 1월 '환타 제로 포도향'를 출시했다. 롯데칠성음료 역시 2021년 '펩시콜라 제로 슈거'를 출시한 후 2022년 1월 '펩시 제로 슈거 라임향'을, 2월엔 '망고향'을 잇따라 출시하는 등 라인업을 확대하고 있다. 농심은 소비자들에게 잘 알려진 '웰치스'를 앞세웠다. 2022년 4월 '웰치제로 그레이프'와 '오렌지' 2종을 출시하며 제로 탄산 시장에 진출한 데 이어, 다음 해 4월 웰치 제로 흥행을 이어가기 위해 '웰치제로 샤인머스캣'을 추가로 선보였다.

롯데웰푸드는 2022년 5월 디저트 브랜드 '제로ZERO'를 론칭하고, 무설탕 과자 시장 진출을 본격화했다. 롯데제과는 2021년 9월 2종의 시제품을 선보인 이후, 제품에 대한 소비자의 긍정적인 반응을 읽고 시장의 가능성이 충분하다고 판단해 관련 제품을 전격 출시하기로 했다. 앞서 롯데제과는 '제로'를 개발하기 위해 별도의 태스크포스팀을 구성하고 1년여의 연구 기간을 두는 등 공을 들여 브랜드를 론칭했다. 대체감미료를 사용하더라도 기존 설탕 제품의 맛과 풍미를 그대로 살리기 위해 수많은 테스트를 거쳤다. 롯데제과는 '제로' 브랜드의 패키지에 친환경 소재인 프로테고, FSC 인증 종이 등을 사용하는 등 친환경 이미지까지 고려했다. 실제로 '제로 후르츠젤리'와 '제로 아이스콜라'는 칼로리가 일반 제품에 비해 각각 25%, 30%가량 낮아 다이어트에 관심이 많은 소비자들에게 뜨거운 호응을 얻었다. 제로는 2022년 5월 론칭 이후 12월까지 총 165억 원의 매출액을 기록했다. 2023년 매출 목표는 약 400억 원이다. 롯데제과는 지속적으로 제품 라인업을 늘려나갈 계획이다.

소주 시장도 변하고 있다. 롯데칠성음료가 2022년 9월 선보인 '처음처럼 새로'가 흥행 가도를 달리고 있다. 출시 7개월 만에 누적 판매 9,000만 병을 넘으며 돌풍을 일으키고 있다. 2023년 4월 기준으로는 누적 판매량이 1억 병을 돌파했다. 이번 처음처럼 새로의 활약이 눈부시게 느껴지는 이유는 롯데칠성음료가 소주 부문에서 길게 고전을 겪었기 때문이다. 한때 하이트진로의 '참이슬'과 국내 소주 시장에서 선두 경쟁을 벌여왔으나 격차의 간극을 좁히지 못하고 오랫동안 소주 시장에서 소외를 받아왔다. 하지만 2022년 9월을 기점으로 분위기가 사뭇 달라졌다. 처음처럼 새로를 선보이면서 롯데칠성음료가 소주 시장에서 5% 내외의 점유율을 추가 확보할 것이란 전망까지 나왔다. 2023년 1분기 기준 소주 점유율은 하이트진로 65%, 롯데칠성 15% 수준이다. 기존 제품에 '건강'이라는 트렌드를 입혔을 뿐인데 시장에서의 반응은 순식간에 반전됐다. 롯데는 향후에도 새로 열풍을 이어간다는 계획이다. 2023년 4월에는 처음처럼 새로 640mL 페트 신제품을 내놓기도 했다. 롯데 측은 이번에 출시한 페트병 신제품이 가게 등에서 팔렸던 유리병 제품(360mL)보다 가정이나 캠핑 등 다양한 장소에서 인기를 끌 것이라 예상하고 있다. 이처럼 장수 제품이라고 하더라도 현 상황에 안주하지 않고 시장 트렌드를 잘 입혀 나가기만 해도 새로운 수요를 얻는 것과 동시에 시장을 개척하고 대박을 노릴 수 있다.

불황일수록
더 잘 나가는
역설

****

당장 돈 되는 자격증에
몰리는 50대

▒ 위안? 힐링? 불황에는 자기계발!

불황에 따른 실업 위기가 발생하면 몸과 마음의 상태를 건강하게 유지하기 위해 자기 관리에 더욱 신경 쓰는 경향이 짙다. 자신이 일자리를 잃어도 살아남기 위해 필요한 자세라고 생각해서다. 이는 기업의 채용과도 밀접한 연관을 갖는다. 경기침체로 시장이 얼어붙으면 기업 역시 모든 활동에서 소극적인 태도를 보인다. 신규 사업을 벌이는 일은 물론 사업을 확대하는 일도 최소한으로 한다. 군살을 제거해 비용을 줄이는 한편, 효율성을 높이려 한다. 성과가 부진한 사업은 아에 폐지하거나 축소하고, 경쟁력이 떨어지는 임직원을 재배치하거나 내보내려 한다. 동시에 기업의 채용수도 급감한다. 웬만해서는 임직원을 뽑지 않고 내부 충원으로 빈자리를 메운다.

채용을 하는 경우는 대개 기존 구성원으로 대체하기 어려운 핵심 인재를 뽑는 경우가 많다. 기존 인력의 2~3명의 몫도 거뜬히 할 수 있는 고급 인력을 뽑으려 한다. 경력직이나 전문가 등을 영입하는 게 보편적이다. 경영 리스크를 줄이고 위기에 따른 분위기를 반전시키기 위함이 크다. 채용 시장이 얼어붙은 상황에서 섣불리 직장을 옮기고자 그만둬서는 안 되는 이유다. 나의 능력에 자신이 있더라도, 상황에 따라 움직이는 게 현명하다. 생각이 깊은 사람들은 현재의 직장에 머물면서 자기계발에 주력하다 적절한 타이밍에 맞춰 좋은 조건으로 이직한다. 경기순환 사이클을 잘 파악하는 것도 하나의 팁이라 할 수 있다.

실제로 대부분의 직장인들은 경기가 어려워질수록 섣불리 움직이지 않는다. 대신에 이 시기를 자기계발 서적을 읽거나 관련 프로그램을 듣는 데 할애한다. 2022년만 하더라도 '성공'을 앞세운 자기계발서들이 큰 인기를 끌었다. 불과 4~5년 전까지만 하더라도 젊은 층을 중심으로 '위안'이나 '힐링' 관련 책의 인기가 높았으나, 최근 들어 짧은 기간에 경제적 부를 이룬 사람들의 스토리가 큰 관심을 받았다. 책한 권, 유튜브 영상 몇 개를 본다고 인생이 확 바뀌지는 않지만 성공한 자들의 목소리에 귀를 기울이고 동기부여를 얻기 위해 애를 쓰는 것으로 풀이된다.

이를 실감케 하는 통계도 있다. 교보문고에 따르면 2023년 상반기 출판가에서는 《세이노의 가르침》을 중심으로 자기계발서가 크게 주목받았다. 2023년 3월 초 출간한 이후 8월 25일까지 23주 연속 1위를 지켰다. 해당 기록은 2016년 2월 첫째 주부터 5월 둘째 주까지 1위에 올랐던 혜민스님의 《완벽하지 않은 것들에 대한 사랑》 이후 7년 만이라는 게 업계 관계자의 설명이다. 이 외에도 자기계발서가 전반적으로 인기를 끌었다. 개리 켈러, 제이 파파산의 《원씽》이 2위, 《김미경의 마흔 수업》이 3위, 자청의 《역행자》가 7위에 올랐다. 자기계발 분야 판매는 전년 동기 대비 35.6%나 뛰었다. 반면 경제경영 분야는 −16.7%, 정치사회 분야는 −38.8%의 하락세를 보였다. 과거에는 《미움받을 용기》, 《만만하게 보이지 않는 대화법》 등 이른바 '힐링'형 책들이 불타나게 팔렸으나, 엔데믹을 기점으로 자수성가한 이들이 들려주는 경험담에 귀를 기울이는 현상이 돋보였다.

경기가 어려워졌을 뿐인데 많은 이들의 관심사와 라이프스타일까지 크게 바뀌었다. 과거에는 '욜로족'과 '플렉스' 등을 일상에서 실천하는 사람들을 칭송했으나, 최근 사이 이러한 분위기가 많이 달라졌다.

MZ세대는 노력하며 사는 사람들에게 엄지손가락을 치켜들기 시작했다. 최선을 다해 노력하며 자발적으로 사는 이들을 갓생('God'과 '인생'이 결합된 신조어)을 산다며 추앙한다. 게으름은 더 이상 찬양의 대상이 아니라, 오히려 자책하고 부끄러워해야 하는 일에 가까워졌다. 부지런하게 N잡(여러 개의 직업)을 가지면서 빈틈없이 사는 사람들을 닮고 싶어한다. 크든 작든 꾸준히 자신의 힘으로 수익을 창출해 내는 사람들이 부러움을 받는다. 가령 블로그를 운영하며 광고 수입을 얻거나, 유튜브나 인스타그램으로 소소한 협찬 상품을 얻는 일이 MZ세대의 새로운 롤 모델이 되고 있다. 무형의 서비스(혹은 전문성)를 표준화해 거래 가능한 제품으로 만드는 '크몽'이나 온오프라인 재능 공유 클래스 '탈잉' 같은 서비스를 통해 부수입을 얻으며 부지런히 살아가는 이들이 부러움의 대상이 되고 있다.

반면 기존의 "너무 열심히 살지 말고 대충 살자"라는 식의 유행은 급격히 사라지고 있다. 많은 청년이 열심히 살면서 삶을 바꾸고 싶어한다. '경제적 자유'라는 말도 유행이다. 어떻게든 큰돈을 벌어 경제적 자유를 얻으면, 그다음부터는 돈에 얽매이지 않고 자유롭게 지낼 수 있는 시간의 주인이 된다는 것을 누구보다 잘 알고 있기 때문이다. 이러한 경제적 자유를 쟁취할 수 있는 이들이 실제로 만족스러운 삶을 영위하고 있기도 하다.

많은 젊은 세대가 결혼과 출산은 포기했지만, 자기 자신을 위한 삶은 남겨둔 채 인생에 몰두하고 있다. 전통적 가치관에 따라 이뤄지는 결혼, 출산, 내 집 마련이라는 통념적인 목표 의식보다 나 자신을 위한 시간에 노력을 기울이고 있는 것이다. 인생에 결혼과 육아 같은 '다음 단계'란 없다. 있는 건 오로지 나를 위한 끝없는 현재이며, 이를 위한 무한한 노력, 그리고 화려한 소비에 초점을 맞추며 살고 있다.

예컨대 MZ 사이에서는 이른 새벽에 일어나 시간을 허투루 쓰지 않고 운동, 독서, 명상 등을 하는 '미라클 모닝Miracle Mornig'이 하나의 유행이 됐다. 미라클 모닝은 오전 4~5시에 일어나 누구에게도 방해받지 않고 새벽 시간을 자기계발에 활용하는 것을 뜻한다. 이들은 SNS를 통해 미라클 모닝을 수행하는 자신의 일상을 공유하기도 한다. 이런 열풍에, 규칙적인 습관 형성을 돕는 앱도 덩달아 인기를 얻고 있다. 미션 수행 알람 앱이나 공부 시간을 체크하는 타이머 앱, 체중 관리를 돕는 다이어트 앱, 조깅 앱 시장이 호황이다. 자기계발을 통해 한 층 성장하는 인간이 될 수 있도록 돕는 앱 역시 그 어느 때보다 이슈의 중심에 서있다.

▓ 불안한 미래, 믿을 것은 나 자신뿐

자기계발이 화제의 중심에 서면서 대박을 터트린 분야가 있다. 바로 '온라인 클래스' 분야다. 물가상승과 경기침체를 맞아 모든 회사가 매출과 영업이익 감소로 신음할 때 관련 회사들은 매출과 이익의 증가로 소리 없이 웃었다. 코로나19로 대면이 어려워지자 대면하지 않고도 누구든 원하는 시간대에 원하는 것을 배울 수 있는 시스템을 구축해 돈방석에 앉았다. 물론 인터넷 강의는 이전부터 존재했지만 어른들을 위한 '취미의 장'은 부재했다. 경기침체에 한 푼이 아쉬운 상황에서도 사람들은 몰렸다. 입소문을 타고 가입자 수도 빠르게 늘었다. '소통의 경제학'이 통하는 하나의 사례가 됐다.

온라인 클래스 구독 플랫폼 '클래스101'은 직장인들의 자기계발 욕구를 채워줌으로써 성공한 대표 사례다. 온라인을 통해 다양한 수강이 가능하도록 배움의 장을 구축해 대박을 쳤다. 구독 시장을 이미 레드오션이라고 칭하는 이들이 등장했음에도 불구하고, 이 기업은 자사 주력 상품을 구독 모델로 전면 전환했다. 심지어 국가별로 운영하던 플랫폼을 하나로 통합하는 '통 큰' 결단을 내렸다.

클래스101은 '배움에는 끝이 없다'는 공식을 온라인 강의에 적용했다. '모두가 사랑하는 일을 하며 살 수 있도록'이라는 미션 아래 2018년 서비스를 론칭했다. 취미 생활부터 자기계발, 재테크, 자녀 교육 등 라이프스타일 전반에 걸친 모든 분야의 배움이 가능하다. 현재 세계 약 13만 크리에이터가 제공하는 4,000개 이상의 콘텐츠를 확보하고 있다. 배움이 절실한 사람들을 위해 만들었다. 이를테면 초기 네이버 지식인의 탄생 배경과 비슷하다. 사람은 누구에게나 뛰어난 분야의 지식이 있다고 보고, 이를 활용했다. 특정 분야에 대해 친구에게 배우듯 친근하게 배울 수 있도록 배움의 장을 제공했다.

2022년 12월에는 한국, 미국, 일본에서 국가별로 선보이던 온라인 구독 서비스를 통합해 글로벌 원 플랫폼으로 새롭게 론칭했다. 이어 다양한 콘텐츠에 손쉽게 접근할 수 있도록 자막 기능을 넣어 언어장벽을 허물었다. 여기서 클래스101의 도전은 멈추지 않았다. 2022년 8월에는 콘텐츠 개별 판매 방식에서 구독으로 과감히 사업 방향을 전환했다. 잘나가던 '소유'의 옷을 벗고 '경험'으로 전환한 것이다. 글로벌 마켓 인사이트의 자료에 따르면 글로벌 이러닝 및 디지털 콘텐츠 관련 구독 시장의 규모는 2025년 기준 약 2,821억 달러(한화 약 339조 원)로 전망되고 있다. 클래스101이 구독 모델로 비즈니스 사업을 전환한 이유다. 특히 기술 고도화에 따라 소비자의 각종 데이터를 수집하고 개인별 큐레이션이 가능한 환경이 구축된 만큼, 구독 서비스는 이러한 소비자의 니즈를 채울 수 있다고 자신했다.

다만 기업 입장에서 이렇다 할 만한 당장의 성과는 불투명하다. 영업비용으로 잡히는 지급수수료와 광고선전비가 영업수익을 웃돌면서 대규모의 영업손실을 내고 있다. 수차례 이어진 투자유치에도 영업 적자의 흐름은 개선되지 못하고 있다. 하지만 직장인들이 시간과 공간에 제약 없이 모여 소통하고 배움을 추구할 수 있다는 점에서 의미가 큰 사업 모델임은 자명하다. 혹한기를 잘 버텨낸다면 배움의 장터로 다시 주목받을 수 있을 것으로 분석된다. 시간이 지나도 MZ세대가 계속 '믿을 사람은 나뿐'이라는 인식을 거두지 않고 끊임없이 도전하고 또 배움을 추구하고 있어서다. 관건은 콘텐츠다. 얼마나 양질의 정보를 제공하느냐가 성패를 좌우할 것으로 보인다.

▨ 자격증, 선택이 아닌 필수

먹고살기 위한 공부라면 아무래도 자격증만 한 것이 없다. 당장의 취업이나 이직을 위해 도전하는 이도 있고, 노후를 대비하기 위해 '은퇴 후 일거리'를 준비하는 마음으로 도전하는 사람도 있다. 세계적인 경제불황과 고용 악화에 대한 불안감이 확산되면서 직장인들 사이에서는 자기계발이 화두로 떠오르고 있다. 그중에서도 '마처세대'의 일터로 복귀하기 위한 노력이 돋보인다. 마처세대는 부모를 부양하는 마지막 세대, 자녀에게 부양받지 못하는 처음 세대를 뜻한다. 대체로 '베이비부머세대(1955~1963년생)'가 여기에 속한다. 노부모와 자녀, 손주 돌봄까지 떠맡아 지원과 책임을 다해 '샌드위치세대'로 묘사되기도 한다. 최근 이들은 은퇴와 동시에 경제활동 참여를 시도하고 있다. 그동안 직장을 다니면서 축적한 경험과 지식을 바탕으로 남은 여생을 책임질 구직활동을 하고 있다. 통계청 국가통계포털KOSIS에 따르면 60세 이상 고령층의 경제활동 참가율은 꾸준히 증가해 2023년 6월 기준 48.2%로, 관련 통계가 작성된 1999년 이후 가장 높았다. 고용률(47.1%)도 마찬가지였다.

우리나라엔 이 베이비부머세대만 약 860만 명으로 추산된다. 우리나라 전체 인구 중 가장 높은 비율을 차지하고 있다. 그러나 100세 시대인 요즘은 은퇴가 너무 빠르다. 이후 안정적인 소득이 필요함에도 현재 법적 정년퇴직 나이는 60세다. 연금만으로는 부족하기 때문에 현실적으로 먹고살기 위해서는 제2의 인생을 설계해야 한다. 이러한 이유로 취업과 창업에 유리한 자격증에 도전하는 50대들은 매년 늘고 있다. 산업인력공단이 발간한 〈2023년 국가기술자격 통계연보〉에 따르면 국가기술자격증을 취득한 50대는 2018년 5만 5,487명에서 2022년 8만 8,280명으로 5년 새 60%(3만 2,793명)나 급증했다. 전체 자격

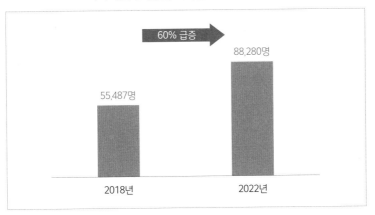

국가기술자격증을 취득한 50대 인구 변화

60% 급증

55,487명

88,280명

2018년

2022년

중 취득자 중 50대가 차지하는 비율도 같은 기간 8%에서 12%까지 크게 치솟았다. 은퇴 전후의 중장년층이 경제적 노후 대비와 사회 참여를 위한 면허성 자격증 따기 열풍에 적극적으로 동참하고 있는 것으로 풀이된다.

대체로 50대 이상의 중장년층 남성은 재취업과 창업에 유리한 자격증 시험에 몰린 것으로 나타났다. 국가기술자격 통계를 보면 2022년 50대 남성이 가장 많이 취득한 국가기술자격증은 '지게차운전기능사'였다. 1만 4,362명이 이 자격증을 땄다. 지게차운전기능사는 2020년과 2021년에도 50대 남성이 가장 많이 취득한 자격증 1위에 이름을 올렸다. 또한 해당 통계에 의하면, 지게차운전기능사 다음으로는 굴착기운전기능사(8,754명), 전기기능사(5,233명), 방수기능사(4,927명), 조경기

50대 남성이 취득한 국가기술자격증

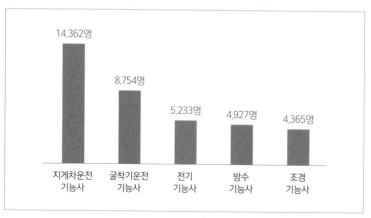

14,362명

8,754명

5,233명

4,927명

4,365명

| 지게차운전 기능사 | 굴착기운전 기능사 | 전기 기능사 | 방수 기능사 | 조경 기능사 |

능사(4,365명) 등의 순으로 50대 남성에게 인기가 있었다. 반면 50대 여성은 한식조리기능사(6,473명)와 건축도장기능사(2,520명)를 가장 많이 취득했다. 이 외에 컴퓨터활용능력2급(1,711명), 제빵기능사(1,396명), 방수기능사(1,226명) 등이 인기 자격증으로 꼽혔다.

이처럼 불황기에는 '먹고사니즘'을 해결하기 위해 돈을 내서라도 필요한 것을 배우려는 수요가 증가한다. 자격증은 청소년이나 20대 구직자가 따는 것으로 생각하기 쉽지만, 불황기에는 4050은 물론 실버층까지 자격증 시장의 고객이 된다. 연령대가 높아질수록 '당장' 활용이 가능하고 '확실'한 효과가 있기를 기대한다. 영어나 컴퓨터처럼 조금은 막연한 자격증보다는 중장비기능사나 조리기능사와 같은 자

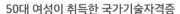

50대 여성이 취득한 국가기술자격증

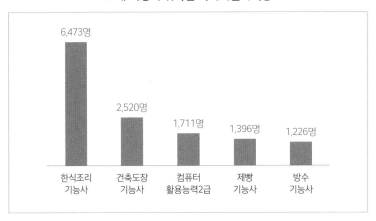

한식조리 기능사	건축도장 기능사	컴퓨터 활용능력2급	제빵 기능사	방수 기능사
6,473명	2,520명	1,711명	1,396명	1,226명

격증을 더 선호하는 것이다. 경기침체가 깊어질수록 "기술을 배워라"라고 하시던 어른들의 말씀을 따르는 사람들이 늘어난다고 할 수 있다. 자격증을 취득하거나 자기계발을 하기 위한 비용은 소비가 아닌 '투자'다. 돈을 써서 배울 가치가 있다고 생각하면 생활비를 줄여서라도 배운다. 자격증 시장이 불황기에 호황을 맞이하는 이유다.

가장 마지막까지 줄이지 않는 지출, 사교육비

▥ 가장 마지막까지 아끼지 않는 돈, 교육비

'하나만 낳아 잘 기르자.' 1980년대의 인구정책 표어다. 그런데 2020년대에 들어 다시 현실화됐다. 전 세계적으로 저출산 문제가 이슈화되고 있어서다. 자녀를 적게 낳는 대신 지원은 '몰빵'하는 현상이 두드러지고 있다. 2022년 전국 초중고생의 사교육비 지출이 역대 최대인 26조 원을 기록했다. 액수뿐만 아니라 참여 학생 비율과 1인당 참여시간 등도 증가해 사교육 시장의 덩치가 전반적으로 커졌다. 특히 초등학생의 사교육 지출, 참여율, 참여시간이 큰 폭으로 늘었다.

교육부는 초등학생의 사교육비가 높아진 배경으로 돌봄 부담과 코로나19로 인한 등교 중단에 따른 학습 결손을 원인으로 분석했다.

눈덩이처럼 불어난 사교육비 부담은 학부모들의 등골을 더 휘게 만들었다. 공교육 정상화를 통해 사교육을 줄이겠다는 교육 당국의 장담은 이미 무색해졌다. 2023년 3월 교육부와 통계청이 2022년 전국 초중고등학교 약 3,000곳에 재학 중인 7만 4,000여 명의 학생들을 대상으로 실시해 발표한 '사교육비 조사 결과'에 따르면, 2022년 사교육비 총액은 전년 대비 10.8% 증가한 26조 원으로 집계됐다. 2007년 관련 통계 작성 이후 최대치다. 학생 1인당 월평균 사교육비는 41만 원으로 조사됐다. 2021년 36만 7,000원에서 11.8% 증가했다. 사교육에 참여한 학생만 따지면 1인당 사교육비는 52만 4,000원으로 더 늘어난다. 가파른 물가 상승률(2022년 5.1%) 탓도 있지만, 사교육비 증가율이 물가 상승률의 2배를 넘는다는 건 사교육 의존도가 그만큼 커졌다는 의미다. 사교육 참여율은 78.3%로 전년 대비 2.8퍼센트포인트 상승했고, 주당 참여시간 역시 7.2시간으로 0.5시간 증가했다.

물론 교육 당국이 마냥 손을 놓고 있었던 건 아니다. '방과후'와 같은 다양한 교육 정책을 쏟아내면서 공교육의 내실화를 통해 어떻게든 사교육 비용을 줄여보고자 부단히 노력해 왔다. 2023년에 들어서도 '사교육과의 전쟁'을 선포하고, '공교육 경쟁력 제고 방안'을 발표하기

초중고 사교육비 조사 결과

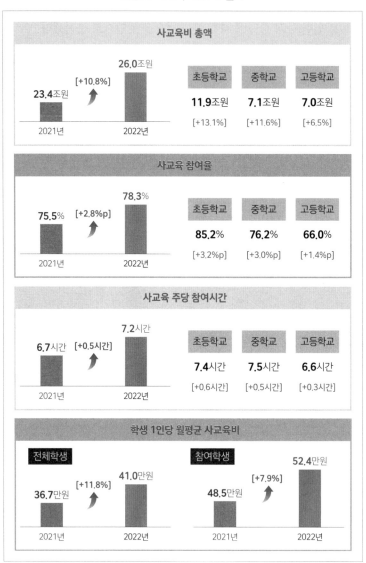

사교육비 총액

23.4조원 [+10.8%] 26.0조원
2021년 → 2022년

초등학교	중학교	고등학교
11.9조원	7.1조원	7.0조원
[+13.1%]	[+11.6%]	[+6.5%]

사교육 참여율

75.5% [+2.8%p] 78.3%
2021년 → 2022년

초등학교	중학교	고등학교
85.2%	76.2%	66.0%
[+3.2%p]	[+3.0%p]	[+1.4%p]

사교육 주당 참여시간

6.7시간 [+0.5시간] 7.2시간
2021년 → 2022년

초등학교	중학교	고등학교
7.4시간	7.5시간	6.6시간
[+0.6시간]	[+0.5시간]	[+0.3시간]

학생 1인당 월평균 사교육비

전체학생
36.7만원 [+11.8%] 41.0만원
2021년 → 2022년

참여학생
48.5만원 [+7.9%] 52.4만원
2021년 → 2022년

(자료: 교육부, 통계청)

도 했다. 핵심은 학교 보충수업 늘리기와 동시에 교사의 대입 컨설팅 강화다. 학생들이 교사들의 도움을 받아 공교육 내에서 온전한 대입 준비가 가능하도록 하겠다는 게 교육부의 복안이다. 이렇게 교육부는 과거부터 현재까지 끊임없이 사교육을 없애기 위해 노력해 왔다. 그런데도 사교육비 부담이 급팽창한 것은 결국 정책의 실효성이 없었기 때문으로 보인다.

그렇다면 교육 당국의 노력에도 사교육비가 계속 늘어나는 이유는 무엇일까. 정답은 자녀들에 대한 부모들의 기대수익이 높은 '중장기 미래 투자'로 이어지기 때문이다. 물론 자녀 덕을 봐서 호강하겠다는 뜻은 아니다. 하지만 부모들은 기본적으로 자녀가 좋은 대학에 진학하고, 좋은 직장에서 일하며 좋은 인생을 살기를 바란다. 이로 인해 자녀의 학업 성취도를 높이고, 경쟁력을 강화하기 위해 부가적인 교육을 시켜야 한다는 인식이 있다. 부모들은 사교육을 통해 자녀의 학력이 향상되면 대학 진학이 더 쉬워지고, 더 높은 수준의 직장을 얻을 가능성이 높아진다고 본다. 자녀가 좋은 대학과 직장을 얻을 경우 수입도 함께 치솟는다는 이유에서 사교육비에 대한 투자를 자녀의 미래에 대한 투자로 인식한다.

쉽게 말해 자녀에 대한 기대수익과 직결돼 사교육비에 보다 많은 돈을 지출한다. 아무리 사교육비 부담이 크다 하더라도 이를 통해 자녀들이 사회에서 인정받는 학교에 진학할 수 있다면 여기서 얻는 정신적, 물질적 예상 수익이 경제적 부담과 비교해 훨씬 큰 것이다. 막대한 사교육비 지출은 자녀에 대한 고비용 고수익의 벤처투자이자, 자신의 불안감을 해소하기 위한 수단이 되는 것으로 보인다. 특목고 입시나 대학수학능력평가 등에서 우수한 성적을 얻게 하기 위해 이른바 족집게 과외를 받게 하거나 대치동 학원가 앞에서 공부를 마치는 시간에 맞춰 차량을 대기하고 있는 이유이기도 하다.

특히 가장 오래 지속된 대입 시험인 수능은 사교육비의 폭증을 불러온 주범이다. 다수의 학생을 소외시킴으로써 학교의 일상을 경쟁의 지옥으로 바꿔놓았다. 대치동 학원가가 부상한 것은 1990년대 이후였는데 결정적 계기가 수능이었다. 입시 제도가 다양화되면서 학교는 여기에 대응할 수 없었다. 반면 대치동 학원가들은 새로 생긴 전형이나 입시에 대한 비법을 세분화해 제공하면서 인기를 얻었다. 국내 공교육의 불신으로 대치동에 사람이 몰리면서 강남의 집값마저 끌어올렸다. 대학을 위해 강남으로 이주한 명문 고등학교 학생들이 그들의 부모들을 강남으로 끌어들였고 그들은 30년 후 부동산 부자가 됐다.

▓ '대치동 학원가'에서 '온라인 학원가'로

하지만 인터넷 강의가 등장하면서 절대적인 '사교육 1번지'의 경계가 차츰 희미해지기 시작했다. 물론 아직도 서울 대치동과 목동, 중계동은 대형 종합 학원에서부터 중소형 학원, 교습소 등이 밀집된 '대한민국 사교육 특구'로 유명하고 사교육 시장 역시 건재하지만, 적어도 사교육 콘텐츠의 평등성은 가질 수 있게 됐다. 이런 사교육 시장의 패러다임을 바꿔놓은 곳은 바로 온라인 입시 교육 전문업체 '메가스터디그룹'이다. 메가스터디는 손주은 회장이 "강남에 살지 않는 학생도 양질의 강의를 들을 수 있어야 한다"라는 목적으로 세운 국내 최초의 온라인 강의 플랫폼이다.

메가스터디는 입시 교육 시장에서의 최초의 온라인 강의 서비스로 기록되는 만큼 당시로서는 상당히 획기적이고 참신한 온라인 강의 형태로 기록돼 있다. 메가스터디는 사이트를 오픈하고 서비스를 시작할 당시 손주은 회장의 우수한 강사 확보를 통해 빠르게 성장해 나갔다. 손주은 회장은 과거 인터뷰를 통해 "당시 메가스터디의 지출 중에 마케팅 비용이라는 것은 거의 없었다"라며 "마케팅에 쓸 비용이 있으면 한 명이라도 더 우수한 강사를 끌어오자는 것이 우리의 생각"이었다고 밝혔을 정도다. 결국 인프라 구축에 힘을 쓰니 자연스레 메가스터디의 위상도 높아졌다. 학생들을 효과적으로 관리할 수 있는 시스템 구축에도 앞섰다. 현재는 대부분의 온라인 교육 사이트들이 비슷한 시스템을 구축해 운용하고 있지만, 당시만 하더라도 금융업계에서나 사용되던 것이었다.

메가스터디의 성공 이후 '인강(인터넷 강의)' 시장은 기하급수적으로 성장했다. 메가스터디가 2000년대 초반 처음 인터넷 강의의 시대를 열었고, 이후 2000년대 중반 이투스(과거 엔포유에듀케이션), 스카이에듀 등 다른 학원도 잇따라 인강 시장에 본격적으로 뛰어들면서 판은 더욱 커졌다. 그중에서도 메가스터디그룹은 2022년까지 좋은 분위기를 이어갔다. 메가스터디교육의 매출은 2021년 7,039억 원에서 2022년 8,360억 원으로 18.8% 증가했고, 영업이익도 990억 원에서 1,354억 원으로 36.8% 상승했다. 국내 최대 사모펀드 운용사인 MBK파트너스가 2022년 메가스터디교육 인수를 추진하기도 했다. 결국 인수는 불발됐지만 그만큼 메가스터디교육의 성장 가능성을 높게 평가했다는 해석이 가능하다. 인수 세부 조건을 놓고 손주은 회장과 MBK파트너스 간에 이견이 있었던 것으로 전해진다.

온라인 강의의 발달은 또 다른 신드롬을 불러왔다. '일타 강사'가 수험생과 학부모들 사이에서 '아이돌급'의 인기를 누릴 수 있게 됐다. 일타 강사는 '1등 스타 강사'를 줄인 말로 각 과목에서 매출 1위를 기록하는 강사를 뜻한다. 학생들과 학부모가 학원의 현장 강의 수강 신청을 위해 하루 전부터 줄을 서는 것은 물론이고, 수강 신청 전 수업 설명회에는 수백 명의 인파가 몰린다. 일타 강사가 운영하는 SNS만 살펴봐도 그들의 인기를 실감할 수 있다. 팔로워 수는 연예인 못지않게 많고, 강사를 '덕질'하는 팬 계정까지 있는 건 이제 흔한 사실이다. 이것도 모자라 우리 사회의 '구루Guru(정신적 스승이나 지도자)'로서 명성을 떨치고 있기도 하다. 조언자로서 멘토 역할을 넘어 "나만 믿고 따라오라"며 삶의 진리를 설파하는 사람 말이다. 핵심은 지금의 고행을 견디도록 해주는 '인생 교리' 콘텐츠다. 학생들에게 있어 이들은 단순한 스승 이상의 가치를 갖고 있다. 급기야 이들의 일상이 드라마로 만들어지기도 했다. 2023년 3월 종영한 tvN 드라마 〈일타 스캔들〉은 대한민국 일타 강사 최치열과 입시 지옥에 뒤늦게 입문한 국가대표 반찬가게 사장 남행선의 로맨스를 그린 작품으로 인기를 끌었다. 유쾌하고 빠른 전개로 시작부터 호평을 받으며 출발한 드라마는 6주 연속 동시간대 시청률 1위는 물론, 마지막 회 시청률 17%(닐슨코리아 전국 유료가구 기준 평균)로, 자체 최고 기록을 경신하며 폭발적인 반응을 얻었다. 여느 흥행 드라마처럼 〈일타 스캔들〉의 성공에는 이유가 있었다. 학구열 높은 부자 동네라는 소재는 시청자들의 흥미를 유발했고, 현실감 있는 스토리는 시청자들을 TV 앞으로 불러들이기에 충분했다.

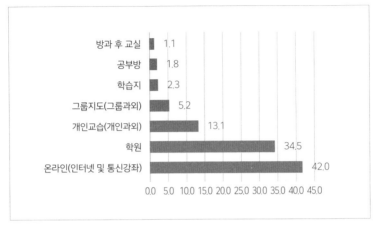

사교육 중 인터넷 강의의 비중

방과 후 교실	1.1
공부방	1.8
학습지	2.3
그룹지도(그룹과외)	5.2
개인교습(개인과외)	13.1
학원	34.5
온라인(인터넷 및 통신강좌)	42.0

0.0 5.0 10.0 15.0 20.0 25.0 30.0 35.0 40.0 45.0

자료: 소비자교육중앙회, 학부모 설문 조사 결과

　　그렇다면 이들의 수익은 얼마나 될까. 관련 업계에 따르면 일타 강사들의 연봉은 100억 원을 훌쩍 넘는 것으로 나타났다. 메가스터디의 현우진 강사(수학), 조정식 강사(영어), 대성 마이맥의 이명학 강사(영어), 이투스의 이지영 강사(사회탐구) 등이 대표적이다. 이들은 월평균 소득이 552만 원(세후)인 50대 근로소득자 연봉의 150배 이상을 번다. 돈을 많이 버는 것을 스스로 감추지 않고 밝힌 덕에 이들의 연봉은 대중에 많이 알려졌다. 사회탐구 일타 강사로 알려진 이지영 씨는 "2014년 이후 연봉이 100억 원 밑으로 내려간 적이 없다"라고 밝히며, 유튜브 라이브 방송 중에 100억 원 이상의 잔액이 있는 계좌를 인증하기도 했다. 또 TV 예능 프로그램에 출연한 수학 일타 강사 정승제 씨는 연봉을 묻는 질문에 "100억 원보다 위"라고 답해 출연진의 부러움을 사기도 했다. 여기에 메가스터디의 수학 일타 강사인 현우진 씨는 더펜트하우스 청담을 매입하며 250억 원을 현금으로 완납해 화제가 됐다. 현재 현우진 씨의 연봉은 200억 원이 넘는 것으로 알려졌다. 이 때문에 시장에서 일타 강사는 사교육 생태계의 최상위 포식자로 불린다. 학생과 학부모에게 끼치는 엄청난 영향력을 바탕으로 돈을 쓸어 담아서다. 시장에 미치는 영향력도 상당하다. 2022년 현우진 씨가 메가스터디와 재계약하지 않는다고 하자 메가스터디의 주가가 떨어진 것이 대표적인 일례다.

이처럼 인강 시장이 폭발적으로 성장한 배경에는 '반찬은 줄여도 아이 공부는 시켜야 한다'라는 한국 부모들의 교육열이 있다. 2000년도에 메가스터디가 설립된 후 여러 차례의 큰 경제위기가 있었으나 인강 시장의 크기가 줄어든 적은 한 번도 없었다. 심지어 사교육 시장이 불황을 뚫고 더욱 커졌다는 데이터도 있다. 대한민국에서 교육이 불패의 시장으로 자리 잡고 있다고 해도 과언이 아닌 것이다.

최근 이를 보다 못한 윤석열 정부가 사교육을 잡겠다고 칼을 빼 들었지만 학부모들은 아랑곳하지 않는 분위기다. 정작 정부의 행보에 기대보다 걱정하는 마음이 앞선다는 의견을 보내기도 한다. 이를 두고 일각에서는 사교육 시장을 잡기 위해 정부가 맞서 싸워야 하는 것은 사교육 업체가 아니라 그 뒤에 있는 학부모들의 욕구라는 시각도 있다. 내 자식을 공부시키고, 성공하도록 하겠다는 그 욕구 말이다. 과연 정부의 노력만으로 사교육 시장이 줄어들 수 있을까. 정부가 호언장담하고 대응에 나선 이상 한동안은 그 추이를 조심스럽게 지켜볼 필요는 있겠지만, 학부모의 열기가 사그라들 수 있을지는 오랫동안 시간을 두고 볼 일이다.

무엇이든
샵 대신 홈에서

▐▐▐ 지갑이 얇아져도 포기할 수 없는 욕망

　피부과와 마사지 숍에 가는 대신 집에서 피부 관리를 하는 이른바 '홈 케어족'이 늘고 있다. 미용 관리에 대한 관심이 꾸준한 MZ세대 사이에서 유튜브와 SNS를 통해 각종 뷰티 노하우를 공유하고 콘텐츠를 즐기는 문화가 잡은 것이 긍정적인 영향을 미쳤다. 시기적인 운도 좋았다. 코로나19의 영향으로 외출을 꺼리는 현상이 급증하면서 이 시장이 비약적으로 확대됐다. 통상 홈 케어라고 하면 집에서 가장 간단히 할 수 있는 팩을 이용한 피부 관리를 떠올리기 쉽다. 얼굴에 간단히 씌우면 되는 마스크팩부터 피부에 직접 바른 뒤 씻어내는 팩까지 다양하다. 수분팩, 수면팩 등 용도에 따라 그 종류도 다양해졌다.

그러나 최근 소비자들은 '디바이스'를 이용하기 시작했다. 코로나 19 팬데믹을 기점으로 집에 머물면서 간단히 관리하려는 홈 케어족이 늘어남에 따라 뷰티 디바이스 시장도 덩달아 성장했다. 단순히 화장품을 이용해 관리하는 것을 넘어 전문 기기, 기능성 제품에 관심을 갖는 소비자들이 크게 늘었다. 달리 말하면 전문 기기를 통해 집에서도 피부 탄력과 근육 등에 대한 체계적인 관리가 가능해진 시대가 열린 것이다. 실제로 미국 시장조사기관 빈쯔 리서치는 2030년까지 뷰티 디바이스 시장이 연평균 21.2% 성장, 규모는 약 1,782억 달러(한화 약 220조 원)에 달할 것으로 내다보고 있다. 국내 시장 전망도 긍정적이다. 국내 시장조사 전문기업 엠브레인 트렌드모니터에 따르면 전국의 만 19~59세 성인 여성 중 95%가 홈 뷰티 디바이스를 기대하는 이유로 '피부과나 피부 관리실을 방문하는 것보다 집에서 편하게 관리할 수 있다'라고 대답했다. 코로나19로 착용하던 마스크 의무화가 해제됨에 따라 피부 관리 및 시술 수요가 늘어날 것으로 예상했으나 비대면에 익숙해진 상황과 함께 경기침체로 소비심리가 위축되면서 피부과 방문보다 홈 케어를 선호하게 됐다.

글로벌 뷰티테크 기업 '에이피알'은 이 시장을 노렸다. 시간의 제약과 높은 비용으로 소수만 누리던 혜택을 모두가 간편하고 부담 없이 누릴 수 있도록 한 것이다. 2014년 설립한 에이피알은 이러한 패러다임의 변화에 따라 소비자의 욕구와 니즈에 맞는 프리미엄, 기능성, 홈 뷰티 제품을 개발하고 출시해 뷰티테크 기업으로 성장하고 있다. 메디큐브(더마 코스메틱), 에이지알AGE-R(뷰티 디바이스), 포맨트(라이프스타일 뷰티), 에이프릴스킨(자연주의 화장품), 널디(스트릿 패션), 글램디바이오(건강기능식품) 등의 브랜드 라인업을 갖추고 있다. 이 중 지난 2021년 선보인 홈 뷰티 디바이스 에이지알의 가파른 성장세로 주목받았다.

에이피알은 2014년 설립 초기부터 2억 원의 매출을 기록, 1년 만에 125억 원의 매출을 기록하며 폭발적으로 성장했다. 메디큐브와 널디를 순차적으로 론칭한 후 2018년에는 연 매출 1,000억 원을 돌파하며 시리즈 투자에 의존하지 않는 자생력을 갖춰나가기 시작했다. 매년 성장을 이어온 에이피알은 2022년 매출 3,977억 원, 영업이익 392억 원을 기록하며 또다시 최대 실적을 경신했다. 이는 전년 동기 대비 각각 53.46%, 174.84% 증가한 수치다. 홈 뷰티 디바이스 에이지알이 메가 히트를 친 덕분이다. 2023년 1분기도 최대 영업이익을 기록했다. 에이피알의 2023년 1분기 매출액은 1,222억 원, 영업이익은 232억 원으로 전년 동기 대비 매출액은 60.0% 증가했으며, 영업이익은 분기 기준 사상 최대를 기록했다. 특히 영업이익률은 19.0%를 기록하며 수익성이 강화됐다. 해외에서도 에이피알의 성장세는 두드러졌다. 2019년 미국과 중국, 일본 등으로 해외 진출을 시작한 후 2년 만에 해외 매출 1,000억 원을 돌파하여 2022년에는 최고 실적까지 경신했다. 2022년 에이피알의 해외 매출은 1,437억 원으로 전년 동기 대비 36.2% 증가했다. 이는 전체 매출의 약 36.1%를 차지하는 수치다. 2023년 1분기 해외 매출은 381억 원으로 전년 동기 대비 37.1% 증가하며 해외 시장에서도 안정적으로 자리를 잡아가고 있다.

에이피알은 자사 몰 중심의 운영을 통해 고객 데이터를 축적하며 성장 동력을 확보했다. 현재 에이피알을 대표하는 브랜드는 메디큐브지만, 성장의 발판이 된 브랜드는 에이프릴스킨이다. 에이프릴스킨은 론칭 당시 모바일 쇼핑 열풍과 함께 천연 재료에서 추출한 제품들이 입소문을 타면서 인기를 끌었다. 한번 만족하면 재구매율이 높은 화장품의 특징을 살려 충성고객을 확보했다. 자사 몰을 통해 확보한 소비자 반응을 기반으로 신제품을 출시하고, 브랜드별 스테디셀러를 보유하며 매출 증가를 꾀했다. 에이피알은 현재 자사 몰 판매 외에도 유통 채널, 홈쇼핑 시장 등에 새롭게 진출하여 20대부터 60대까지 연령층을 확대하며 고객 다변화에 집중하고 있다.

이 밖에도 디바이스는 100만 원이 넘는 고가의 제품부터 중저가 제품까지 흔해졌다. 그만큼 소비자들이 다양한 디바이스에 열광하고 있다는 뜻이다. 앞으로도 이런 흐름에 맞춰 글로벌 기업을 비롯한 국내외 다수 기업들도 홈 뷰티 관련 시장을 선점하기 위해 제품 출시 및 기술 개발을 서두를 것으로 보인다. 국내 뷰티 홈 케어, 디바이스 시장은 성장세를 지속할 예정이다. 과학기술과 의학의 발달로 동안, 안티에이징 등 미美에 대한 관심과 건강에 대한 욕구가 증가하고 있으며, 비대면 진료가 떠오르면서 홈 뷰티 디바이스에 대한 관심도 높아지고 있기 때문이다.

▌▌▌ 스킨케어뿐만 아니라 네일도

불황으로 인해 '숍 대신 홈'으로 바뀐 분야 중에는 네일도 있다. 집에서 뷰티 기기를 활용해 쉽고 간편하게 자신을 가꾸는 소비자가 점점 증가하고 있기 때문이다. 유통업계에 따르면 2019년 800억 원대였던 국내 셀프 네일 시장은 매년 50% 이상 성장했다. 셀프 네일에 대한 인기가 자유롭게 숍을 다니지 못하던 코로나 팬데믹 이후에도 사그라들지 않으면서 관련된 아이템들의 수요도 높아지고 있다.

그렇다면 홈 뷰티 족이 원하는 것은 무엇일까? 비용 등 여러 가지 문제로 숍 대신 셀프서비스를 선택했지만 숍에서 전문가에게 받은 것

샵에서 홈으로 이동하는 활동

과 같은 효과를 보는 것이다. 그렇기에 대부분의 '홈' 제품과 '셀프' 제품은 '쉽지만 완성도는 있다'는 점을 매력 포인트로 내세운다.

2019년 론칭한 '오호라'의 사례를 보자. 국내 로컬 브랜드인 오호라는 셀프 네일에 대한 인식을 바꿨다. 기존 셀프 네일 시장에는 플라스틱, 스티커 제품이 대부분이었으나 오호라는 '반경화 젤 네일'을 론칭해 3년 만에 시장을 평정했다. 기존의 플라스틱 스티커형 제품 대비 퀄리티와 사용감이 좋고 네일 길이와 모양을 연출하기 간편해 '셀프 네일족'의 인기를 얻은 것이다. 이 같은 제품력 덕분에 소비자들 사이에서는 네일 숍에서 받은 것처럼 완성도가 높다는 입소문까지 돌았다. 자연스럽게 매출도 큰 폭으로 성장했다. 2019년 65억 원에서, 2021년에는 859억 원을 기록해 출시 2년 만에 13배나 매출이 뛰었다. 2022년에는 일본을 필두로 미국, 동남아시아 등 해외 시장 개척에 나섰다.

이렇듯 뷰티 시장은 크고 복잡하기 때문에 단순히 '꾸밈'을 돕는 것이 목적이 되어서는 안 된다. 소비자의 불편함을 개선하고 니즈를 읽는 것에서부터 시작해야 한다. 셀프라는 노동력을 들여서라도 숍에서 케어를 받는 것과 비슷한 만족감과 지속력을 줄 수 있어야 이 시장에서 박수받고 성공으로 안착할 수 있다. 여성 소비자는 까다롭고 높은 기준으로 제품을 선택한다.

▥ 헬스장에 갈 돈이 없으면 '홈트'를 한다

피트니스 시장에 변화의 바람이 불고 있다. 다이어트와 건강관리를 위해 피트니스 센터를 찾는 사람들은 여전히 많지만, 코로나19로 인해 수영장과 같은 다중 운동 시설의 이용이 제한되면서 집에서 운동하는 홈 트레이닝족, 일명 '홈트족'이 크게 늘어난 것이다. 통상 사람들은 여름철 휴가를 앞두고 수영복을 입기 위해 몸 관리를 하거나 바디 프로필 등 특별한 목표를 앞두고 피트니스 센터에 등록한다. 그런 분위기 속에 국내 피트니스 시장은 성장했다. 하지만 그 성장세는 2020년 힘없이 꺾였다. 가파르던 곡선은 코로나19와 만나 하향곡선을 그리기 시작했다. 정부의 운영 규제 등으로 인해 폐업하는 매장의 수가 크게 늘었다. 서울열린데이터광장에 따르면, 2021년에만 서울시 내 259개의 체력단련장이 문을 닫았다.

피트니스 센터를 찾던 이용자들은 새로운 돌파구를 찾아 나섰다. 그게 바로 홈 트레이닝이다. 집에서도 비슷한 환경을 꾸려 스스로 건강관리를 하기 시작했다. 덕분에 관련 시장도 빠르게 성장했다. 20~30대의 참여가 많은 보디빌딩, 요가, 필라테스 시장이 특히 주목받았다. 이 시기에는 관련 콘텐츠도 급증했다. 홈트족이 늘면서 운동 방법을 알려주는 운동 유튜버들의 인기가 급상승하기 시작했다. 한 번쯤 들어봤을 법한 김계란(308만명), 땅끄부부(306만명), 핏블리(123만명), 말왕(101만명) 등은 수백만 명의 구독자를 거느린 인기인이 됐다. 매트 하나만 있으면 따라 할 수 있는 다양한 홈 트레이닝 동작을 선보이면서 조회수 대박을 쳤다. 댓글에는 자체적으로 출석 체크를 하며 운동을 서로 응원하는 분위기가 형성됐다. 피트니스 클럽에 가야 받을 수 있던 서비스(코칭, 신체 변화, 응원 등)를 대부분 대체할 수 있었다는 점이 홈

트족에게 어필되면서 크게 성장할 수 있었다.

향후에도 이 시장은 더욱 커질 것으로 예측된다. 시장조사기관 스태티스타의 조사를 살펴보면 전 세계 홈 피트니스 서비스(앱) 시장의 규모는 지난 2021년 130억 6,000만 달러에서 2022년 16억 6,000만 달러, 오는 2026년에는 302억 4,000만 달러까지 성장이 예상된다.

온라인을 통한 피트니스 앱 시장의 성장세가 두드러지자 패션업계도 들썩였다. 대기업부터 패션업체까지 홈 트레이닝 시장 선점에 속도를 내기 시작했다. 젊은 층의 운동에 대한 관심이 관련 용품 소비로 직결되면서다. 집에서 운동을 하겠다는 사람들이 늘어나면서 관련 의류 매출도 크게 늘었다. 코로나19 창궐 직후 홈 웨어 등을 제외하고 매출 감소로 고전을 면치 못했지만 '코로나 홈트족'이 의류업체의 구원투수로 등판한 격이다.

심지어 남성들도 여성들의 전유물로 여겨졌던 레깅스의 매력에 빠져들기 시작했다. 홈트족이 늘면서 편안하면서도 기능성을 갖춘 옷을 찾는 남성들이 크게 늘어난 것이다. 이 시기 조거와 레깅스를 결합한 '조깅스' 등 기술력에 스타일을 더한 제품이 인기를 끌면서 토종 애슬레저 브랜드들의 짐 웨어 시장 점유율이 확대됐다. 자신의 하루 운동량을 SNS에 알리는 '오운완(오늘 운동 완료)' 열풍이 이어지면서 헬스장의 남성 패션도 다채로워진 것으로 분석된다.

홈 케어, 셀프 네일, 홈 트레이닝. 불황에 뜨는 이것들의 특징은 무엇일까? 비용 부담을 줄이기 위해 집 밖에서 하던 활동을 집 안으로 가지고 들어왔다는 것이다. 기존에 없던 장비 시장의 탄생과 더불어 전문가의 서비스를 대체할 강의도 활성화됐다. 일각에서는 홈트족의 등장으로 기존에 있던 시장이 소멸됐다고 해석한다. 하지만 새롭게 열린 시장은 소비자의 편익을 추구하는 쪽으로 더욱 진화했다. 관점에 따라 위기는 누군가에게 또 다른 기회를 제공하기도 한다.

▥ 영화관을 완전히 대체한 OTT

팬데믹은 여러 분야의 산업에 족쇄를 채웠다. 특히 영화관과 같은 폐쇄된 공간에 많은 사람들이 모여있어야 하는 산업에 직격탄을 날렸다. 3년이나 지난 지금은 어떨까. 여전히 영화관은 소비자들로부터 외면받고 있다. 엔데믹 전환과 함께 다시 북새통을 이룰 것으로 기대했지만, 관람객은 돌아오지 않고 있다. 영화진흥위원회가 운영하는 영화관입장권 통합전산망 통계를 살펴보면 2023년 1~5월 기준 영화관 관객 수는 총 1,163만 1,935명을 기록했다. 이는 4,693만 3,590명을 기록한 2019년 동기 대비 4분의 1 수준에 불과하다. 굵직한 흥행작이 잇따라 개봉하면서 극장산업에 다시금 활기가 돌기 시작했던 2022년과 견주어 봐도 뒷걸음질한 성적이다.

높아진 극장 티켓 가격이 관객 수 감소의 원인이 됐다. 고물가로 긴축 재정에 들어간 소비자가 늘어나면서 영화관을 찾는 이들이 크게 줄었다. 치솟은 티켓값에 "영화나 보러 갈까"라는 말은 옛말이 됐다. 한 푼이 아쉬워진 소비자들은 아예 영화를 보지 않는 쪽을 택했다. 그렇다면 얼마나 부담이 늘어난 걸까. 영화진흥위원회에 따르면 2022년 국내 영화관 평균 관람료는 1만 285원으로, 2021년(9,656원) 대비 6.5% 증가했다. 영화관 관람 비용이 1만 원대를 넘어선 건 이번이 처음이다. 여기에 팝콘과 음료 등 간식까지 곁들이면 2인 기준 최소 4만 원 이상의 값을 지불해야만 하는 상황이 됐다. 당황한 소비자들은 영화관을 찾는 횟수를 극적으로 줄였다. 대신에 꼭 보고 싶었던 영화만 영화관에서 선택적으로 보기 시작했다. 또 과거와 같이 좋아하는 영화를 여러 번 반복해 보는 'N차 관람'을 지양했고, 온라인 커뮤니티에서는 영화관 티켓을 저렴하게 구입하는 방법을 활발하게 공유하는 것이 하나의 유행이 됐다.

그렇다면 극장가가 비난을 뚫고서라도 가격인상을 단행한 배경은 무엇일까. 코로나19 팬데믹의 여파로 인해 받은 영업손실을 메우기 위함이 컸다. 코로나 시기 정부의 규제로 인해 영업시간의 제한과 좌

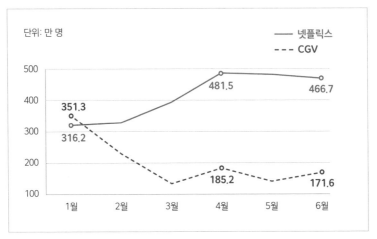

넷플릭스 어플과 CGV 어플 이용자 수 변화

단위: 만 명

— 넷플릭스
- - - CGV

351.3
316.2
481.5
466.7
185.2
171.6

1월 2월 3월 4월 5월 6월

자료: 아이지에이웍스, 2020년 기준

석 띄워 앉기, 상영관 취식 금지 등을 시행하면서 업계 전반적으로 막대한 영업손실을 입었다. 업계 관계자에 따르면 국내 극장 체인 '빅3'에 해당되는 CGV, 롯데시네마, 메가박스의 2020년과 2021년의 누적 영업손실 총액은 1조 651억 원에 육박했다. 이런 가운데 2023년 6월 기준 6%대 물가 상승률을 기록하면서 버티다 못한 극장가는 티켓 가격을 올리기로 마음먹었다. 물가 상승률은 일반적으로 영화관 시설 유지 및 서비스 유지에 상당한 영향을 끼친다. 다만 극장가는 돌아선 관객들을 극장으로 다시 유인하기 위해 필사적으로 노력하는 방법을 택했다. 높아진 티켓 가격을 만회하기 위해 상영관 개조를 통한 공간

사업을 확대하고 나섰다. 영화 상영과 함께 스포츠와 공연, 전시까지 운영 범위를 넓히면서 하나의 체험형 라이프스타일 공간 사업자로 진화하기 시작한 것이다. 볼거리와 즐길거리를 제공해 고객들의 발길을 끌어당기겠다는 심산이다.

영화관은 온기를 되찾을 수 있을까. 시민의 상당수는 이미 영화관 대신 온라인 동영상 서비스 OTT로 발길을 돌렸다. 모바일인덱스에 따르면 2023년 6월 기준 국내 OTT TOP4(넷플릭스, 티빙, 쿠팡플레이, 웨이브) 이용자 수는 2,500만 명을 넘겼다. 월간활성이용자수MAU는 넷플릭스 1,142만 명, 티빙 519만 명, 쿠팡플레이 487만 명, 웨이브 395만 명으로 집계됐다. 국내 OTT 시장은 연평균 20%대 성장률을 보여왔고, 2022년 2조 4,000억 원의 규모로 성장했다. 코로나19 기간 극장가의 대작을 넷플릭스 등의 OTT를 통해 개봉하는 사례가 늘어난 데다 고객들 역시 OTT 채널에 익숙해지면서 안방을 꿰차는 주요 요인이 됐다.

특히 막강한 콘텐츠로 소비자를 하나둘 사로잡기 시작했다. 타 제작사의 콘텐츠를 공급하는 것에 그치지 않고, 높은 퀄리티의 콘텐츠를 자체 제작하며 경쟁력을 키워나갔다. 게다가 합리적인 가격으로 더 많은 소비자들의 소매를 끌어당겼다. 가장 유명한 넷플릭스를 기준으로 월 1만 7,000원 정도의 가격만 지불하면, 어마어마한 양의 콘텐츠를 누릴 수 있다. 고작 영화 한 편의 가격과 비슷한 가격을 지불했을 뿐인데 심지어 극장 개봉작도 업로드된다. 느긋하게 기다리고 있으면 OTT에서 판권을 구입하여 자신들의 플랫폼에 올려준다. 넷플릭스에서만 볼 수 있는 드라마도 많아졌다. 이 때문에 소비자들은 상대적으로 비싸게 느껴지는 극장이라는 공간에 헛되이 비용을 지출할 이유가 더는 없어졌다.

물론 OTT 서비스라고 해서 가격 저항선이 없는 건 아니다. 2021년 기준 전국의 스트리밍 서비스 이용자 3,000명을 조사한 콘텐츠진흥원 보고서에 따르면 대중들은 1인당 월평균 2.7개의 스트리밍 플랫폼을 구독하며 1만 3,200원을 지출한다. 이들에게 만일 어느 플랫폼의 구독료가 10% 오르면 어떻게 하겠느냐고 물었더니 51%는 그래도 구독을 유지하겠다고 답했지만 다른 플랫폼으로 옮기겠다는 사람도 38%나 나왔다. 유튜브나 넷플릭스는 이탈 가능성이 상대적으로 낮았지만 나머지 플랫폼은 이탈 가능성이 높았다. 스트리밍 서비스 이용 중 불편한 점이 무엇이냐고 묻는 질문에는 '경제적 부담'이라는 답이 42.5%로 1위를 차지했다. 만약에 플랫폼 무료 구독을 전제로 광고를 시청할 의향이 있느냐는 질문에는 전 연령대에서 50% 이상이 콘텐츠를 무료로 보는 대신 광고를 볼 의향이 있다고 답했다. 특히 10대와 40~50대에서는 60% 이상이 그러한 의향을 표시했다.

여기서 얻을 수 있는 교훈은 무엇일까. 소비자들이 언제라도 마음만 먹으면 대체할 서비스가 너무나 많아졌다는 것이다. 달리 말하면 경쟁력이 없으면 설 자리도 없게 됐다는 뜻이다. 위기 속에서 돌파구를 만들어 내려면 극장을 비롯한 영화계가 상상력을 발휘해야 한다. 위기 타개책이 달랑 공간의 변화뿐이라면 관람객들의 시선은 싸늘할 수밖에 없다. 플랫폼 간의 경계가 더욱 희미해진 현재, 결국 좋은 콘텐츠를 꾸준히 선보이는 것이 중요해졌다. 향후 시즌제를 비롯해 각종 영리한 전략으로 풍성한 재미를 선사하는 것이 소비자들의 마음을 되돌릴 수 있을 중요한 열쇠가 될 것으로 보인다.

불황의 정석은 레트로,
제대로 살리려면?

▥ 대세는 복고

　과거와 현재를 오고 가는 '시간 여행Time-Slip'은 영화 속 단골 소재
다. 현실에서 일어날 수 없는 일이기 때문에 많은 사람들이 강한 호기
심을 가지고 열광한다. 이는 소비에 있어서도 마찬가지다. 소비자들
은 물건을 통한 시간 여행을 상당히 좋아하고 즐긴다. 이 때문일까.
최근 소비산업 전반에 '레트로' 열풍이 들불처럼 빠르게 번져나가고
있다. 덕분에 이제는 일상에서도 과거의 추억들과 조우할 수 있게 됐
다. 레트로는 추억이나 회상을 뜻하는 영어 단어 'Retrospect'의 줄임이

다. 옛날의 상태로 돌아가거나 지나간 과거의 전통을 그리워하고 그 것을 되살리는 흐름을 말한다. 음악이나 패션, 방송 등 대중문화에 자 주 등장하며 하나의 신조어로 자리 잡았다.

최근 기업들이 이를 마케팅에 적극적으로 활용하고 있다. 기업들 은 소비자의 향수를 자극하는 제품을 현대의 감각으로 재해석하면서 추억 마케팅에 힘을 싣고 있다. 기업들이 레트로 마케팅을 채택하는 이유는 다양하다. 과거에 대한 회상을 자극하고, 고객들이 내적으로 갖고 있는 긍정적인 감정과 제품을 연결시켜 줄 수 있기 때문이다. 예 컨대, 오래된 브랜드의 제품이나 패키지, 로고 디자인 등을 재현하거 나 사용할 경우 고객들의 향수를 자극할 수 있다. 여기에 레트로는 기 업의 브랜드 이미지를 강화하는 역할을 한다. 오래되었음에도 불구하 고 여전히 존재하고 있다는 이미지를 굳건히 한다. 고객들에게 브랜 드의 안정성과 신뢰를 줄 뿐만 아니라, 과거와 현재를 연결하는 역할 도 한다. 무엇보다 불황기의 소비자들은 가격이 저렴하고 가치 있는 제품을 찾는 경향이 크다. 이런 상황에서 과거의 추억을 불러일으키 는 레트로 제품은 소비자들에게 익숙하고 친근한 느낌을 주면서도 새 로움과 창의성을 선보일 수 있는 좋은 수단이다.

레트로 마케팅은 식품업계에서 흔히 활용된다. 최근에는 단순 레 트로를 넘어 옛것을 새로운 방식으로 멋지게 즐기는 '뉴트로(새것을 뜻하는 '뉴'와 복고를 뜻하는 '레트로'의 합성어)' 현상으로 진화하고 있다. 기성세대에게는 반가움과 향수를, MZ세대에게는 신선함과 새로움을 선사할 수 있는 수단으로 활용하는 분위기다. 뉴트로의 성공 공식이 통한다는 것을 우리나라에서 가장 오래된 주류 회사인 하이트진로가 보여줬다. 2019년 출시된 '진로'는 하이트진로의 대표적인 히트 아이템으로 꼽힌다. 향수를 자극하는 두꺼비와 투명한 병을 콘셉트로 내세워 인기를 톡톡히 누렸다. 인기 요인은 뉴트로에 있었다. 1970년의 과거 디자인을 복원했다. 라벨 사이즈, 병 모양, 병 색깔을 현대적으로 재해석해 돌아온 진로는, 2022년 12월을 기준으로 무려 14억 병이나 팔렸다. 두꺼비 캐릭터와 두껍상회는 진로 소주의 이미지를 낡은 것에서 전통적인 것으로, 오래된 것에서 힙한 것으로 바꿔놓으면서 브랜드 이미지를 다시 확립시켰다. 아이디어와 기술력은 있지만 홍보에 어려움을 겪는 중소기업에 두꺼비 캐릭터 IP를 지원하면서 제품을 개발했고, 두꺼비 캐릭터를 통해 주류업계의 마케팅을 선도했다는 평가를 받았다. 여기서 멈추지 않고 진로는 뉴트로 혁신을 지속하고 있다. 2023년, 5년 차를 맞은 진로는 또다시 변신을 꾀했다. 뉴트로 트렌드를 부흥시킨 진로는 건강을 중시하는 헬시 프레저 트렌드도 외면하지 않았다. 2023년, 99주년을 맞이한 하이트진로는 당류를 사용하지 않은 '제로 슈거' 콘셉트로 리뉴얼을 마쳤다. 16.5도였던 알코올 도수를 16도로 낮추고, 과당의 빈자리를 대체감미료로 채워 비슷한 맛을 구현했다.

레트로 흥행 공식은 패션업계에까지 영향을 미치고 있다. 곱창밴드, 빅 리본과 같은 헤어 아이템이 인기를 끄는 한편, 통이 넓은 바지에 크롭티까지 90년대에 유행했던 아이템들이 '힙'한 아이템으로 주목받고 있다. 복고 열풍에 이어 가장 최근에는 'Y2K' 패션이 인기다. Y2K는 'Year'와 '2'와 'Kilo(1000)'를 합친 단어로 2000년을 뜻한다. 혼란함과 자유분방함이 공존하는 '세기말 감성'이 특징이다. 이미 패션계에서는 카고바지부터 두건까지 2000년대에 유행했던, 레트로 감성이 가득한 상품을 줄줄이 출시하고 있다. 심지어 한때 패션 테러리스트의 전유물로 여겨졌던, 상하의 모두 데님 소재의 아이템을 입는 '청청패션'도 레트로룩의 인기 속에서 큰 사랑을 받는 중이다. Y2K 열풍이 부는 이유는 기성세대에는 그때 그 시절의 '향수'를 불러일으키고, 젊은 세대에는 '새로움'을 느끼게 하기 때문이다. 특히 Y2K 패션의 경우, 화려한 스타일링과 과감한 컬러가 자유로움과 개성을 추구하는 젊은 세대의 가치관과 부합한다고 보는 시각도 있다. 실제로 Y2K 패션 아이템은 없어서 못 팔 정도로 인기를 끌고 있다. 카카오스타일이 운영하는 스타일 커머스 플랫폼 지그재그에 따르면 2023년 1~2월 기준 Y2K 패션 관련 상품 거래액이 전년 동기 대비 18배 이상 급증했다. 지그재그 고객 검색, 구매 데이터 분석 결과에서도 Y2K 관련 검색량은 전년 동기 대비 61배 이상 늘었다.

대중문화 전반에도 레트로가 유행이다. 특히 요즘 아이돌을 보면 패션에 그치지 않고 그들이 하는 노래와 춤에도 전부 레트로가 녹아 있다. 2022년 8월에 공개된 블랙핑크의 신곡 '핑크 베놈'을 예로 들어 보자. 팬들은 리사에서 제니로 이어지는 랩 파트 부분에서 과거 서태지와 아이들의 음악이 떠오른다며 뜨거운 반응을 보냈다. 음악 차트를 평정한 '아이브'도 같은 해 8월에 공개한 신곡 '애프터 라이크After LIKE'에서 1978년 글로리아 게이너Gloria Gaynor가 발표한 명곡 '아이 윌 서바이브I Will Survive'를 샘플링해 톡톡 튀는 매력을 발산했다. 후렴 부분이 아닌, 간주를 활용해 개성을 살림과 동시에 킥 리듬을 기초로 EDM, 팝, 하우스 등 다양한 장르로 화려함을 강조했다. 여기서 끝이 아니다. 블랙핑크는 2022년 9월 발매한 노래 '셧 다운'에 파가니니의 바이올린 협주곡 2번 '라 캄파넬라'를 샘플링했고, NCT드림은 1996년 발매된 H.O.T.의 캔디를 리메이크해 2022년 12월 가요 차트에서 1위를 석권하면서 X세대 엄마와 MZ세대 딸이 같은 노래를 흥얼거릴 수 있는 시대를 만들었다.

먹고 입고 즐기는 것뿐만 아니라 국민을 함께 울고 웃게 만드는 드라마 역시 레트로의 요소를 가미하니 대박을 쳤다. 지난 2021년 세계

140

적으로 돌풍을 이끈 〈오징어게임〉의 다양한 성공 요소 중에는 레트로 문화가 있다. 드라마에 재현된, 어린 시절 친구들과 함께하던 '무궁화 꽃이 피었습니다', '구슬치기', '달고나' 등 추억의 놀이는 시청자들과 공감대를 형성하기 충분했다. 해외에서도 이름만 다른 비슷한 놀이가 있기에, 이 점은 해당 드라마가 세계적인 신드롬을 일으키는 데 일조했다. 앞서 2021년 방영된 〈응답하라 1988〉 역시 레트로가 국민의 감성을 자극한 하나의 대표 사례다. 〈응답하라 1988〉의 경우 드라마의 메인 타깃인 2030세대들에게 1980년대 문화를 소개해야 한다는 점에서 기획 단계부터 전작에 미치지 못할 것이라는 예상이 컸다. 하지만 이런 섣부른 예측과 다르게 〈응답하라 1988〉은 최고 시청률 18.8%를 기록했다. 캐릭터를 살리는 배우들의 열연이 무엇보다 컸지만, 1980년대에 사용했던 제품을 고스란히 작품에 녹이면서 효과를 톡톡히 봤다. 오래된 가전과 광고, 음악 등을 그리워하는 윗 세대들과, 새로운 것에 호기심을 느끼는 2030세대가 '복고'라는 소재를 넓게 포용하면서 대박을 쳤다.

▥ 추억을 떠올리게 하는 굿즈

레트로 마케팅을 위한 도구로 가장 많이 사용되는 것 중 하나는 '굿즈'다. 소비자가 레트로에 돈을 쓰는 것은 그것이 합리적인 소비라서가 아니다. 소비자는 감성에 취해 과거를 추억하고 있다. 사람은 나를 기분 좋아지게 하는 물건을 곁에 두고 싶어 한다. 여행지에서 기념품을 사는 것, 게임 마니아가 캐릭터 피규어를 소장하는 것과 같은 이치다. 소비자도 마찬가지다. 즐거웠던 과거를 추억하게 하는 굿즈를 간직하고 싶어 한다. 굿즈 마케팅은 팬덤 문화가 활성화된 현대 사회에서 중요한 마케팅 전략 중 하나다. 굿즈란 스타나 캐릭터, 특정 브랜드 등과 연관된 기획 상품을 말한다. 굿즈 마케팅은 팬들의 로열티를 높이고 브랜드 이미지를 강화하며, 판매 수익을 증가시키는 데에 효과적이다.

굿즈 마케팅은 다양한 형태로 진행된다. 예를 들어, 스타나 캐릭터의 이미지를 담은 티셔츠, 액세서리, 스티커 등의 상품을 출시하거나, 캐릭터와 관련된 이벤트나 캠페인을 진행한다. 또한, 영화나 드라마에서 인기 캐릭터의 굿즈를 출시해 팬들에게 높은 만족도를 제공하는 것도 굿즈 마케팅의 전략 중 하나다. 굿즈 마케팅의 장점은 자신들이 좋아하는 이들의 굿즈를 소유함으로써 소속감과 연관성을 느끼며, 브랜드와 강한 유대감을 형성할 수 있다는 점이다. 이는 브랜드 이미지와 제품 판매에 긍정적인 영향을 미친다. 굿즈는 쉽게 홍보가 가능해, 브랜드의 인지도 향상에도 효과적이다.

국내 기업들은 굿즈 마케팅을 적극적으로 활용하고 있다. 오래된 기억을 빌려 새로움을 입히는 데 힘쓰고 있는 것이다. 카메라 시장이 대표적이다. 2000년대 디지털카메라의 대중화와 스마트폰의 부상은 필름과 이미징 시장의 축소로 이어졌다. 얼마 남지 않은 필름, 인화지, 인화 약품 공급업체들의 시장 철수는 디지털 시대의 도래와 함께 축소되는 필름 시장의 미래를 보여주는 듯했다. 그러나 한국후지필름은 이러한 흐름 속에서도 아날로그 시대의 물건에 매력을 느끼고 이것을 자신만의 특별한 감성으로 즐기는 사람들이 늘어나고 있다는 점에 주목했다. 이에 새로운 사진 이미징 제품과 서비스를 자체 개발, 도입하며 굳건하게 아날로그 감성을 지켰다. 한국후지필름은 MZ세대들이 반응할 수 있는 전시회를 기획해 2022년에만 4번이나 진행했다. 계절에 맞춘 페이퍼 아트, 콜라주, 일러스트 등으로 사진을 넘어 다양한 작품들을 소개했다. 2030세대는 전시회를 찾아 인스타그램에 올리고 경험을 공유하며 후지필름과 친숙해지기 시작했다. 후지필름 코리아의 예측대로 '익숙함'은 '구매'로 자연스럽게 연결됐다. 2017년 판매량 기준 2030세대 고객의 비중은 49%에서 2022년 12월 65%까지 확대됐다. 특히 2000년도부터 일반 명함 사이즈의 인스탁스 미니 필름 라인업에 역점을 두고 마케팅을 진행했다. 스타 마케팅 및 캐릭터 콜라보레이션 상품 등 부가가치를 높이는 활동으로 매출을 견인하기도 했다. 여기에 사진을 인화하는 문화를 육성하기 위한 노력도 아끼지 않았다. 언제 어디서든 원하는 사진을 인화해 볼 수 있는 즉석 사진 인화기를 잇따라 출시하는가 하면, 사진을 오래도록 잘 보관할 수 있는 포토 북과 냉장고 등 원하는 곳에 자유롭게 붙일 수 있는 다양한 액세서리까지 연이어 선보이면서 MZ세대들도 아날로그 감성에 빠져들게 했다.

식품업계에서도 굿즈 마케팅은 제법 자주 활용되고 있다. 과거 오렌지 음료수를 마시고 난 후 보리차를 담는 물병으로 활용됐던 델몬트 주스 병을 기억하는가. 1987년에 최초로 등장한 이 유리병은 당시 집집마다 없어서는 안 될 정도로 애용했던 물건이었다. 소비자들은 다 마신 델몬트 주스 병이 잘 깨지지 않고 튼튼하다는 이유에서 버리지 않고 집에서 재활용했다. 노란 주전자에 티백을 넣고 팔팔 끓여 주스 병에 담아 차갑게 식혀 보관하곤 했다. '국민 물병'으로 자리 잡은 것이다. 이 같은 델몬트 주스 병은 2019년 뉴트로 열풍을 타고 추석 선물세트에 포함돼 선풍적인 인기를 끌었다. 또 2020년 초 '델몬트 레트로 에디션'으로 재등장해 화제의 중심에 서기도 했다. 커피믹스의 원조, 동서식품 맥심이 2020년 4월 한정판매한 '맥심 커피믹스 레트로 에디션'도 추억을 소환하면서 품절 대란을 일으켰다. 과거 커피를 사면 사은품으로 증정했던 동서식품의 보온병은 커피를 좋아하는 사람들의 필수품이었다. 이 시절 커피를 좋아했던 사람들은 '빨간 병'을 갖고 다녔다. 레트로 에디션에는 이 추억의 '빨간 보온병'이 포함돼 눈길을 끌었다. 광고 역시 곳곳에 레트로 감성을 살렸다. 1980년대에 유행했던 옷을 입고 옛날 분위기가 물씬 풍기는 서재에 앉아 "머그에 마시면 기분이 조크든요"라고 말하는 배우 공효진의 모습과 함께 '에디-숀', '있읍니다' 등 1980년대의 맞춤법을 고스란히 사용했다.

주류업계는 과거의 정통성에 현대적 재해석을 더했다. 오비맥주도 2019년 10월, 40살 먹은 곰을 재소환했다. 동그란 얼굴에 야구 모자를 쓴 랄라베어는 1980년에 탄생한 캐릭터로, 프로야구단 OB 베어스의 마스코트였다. 랄라베어가 호프 잔을 들고 춤을 추는 모습을 비롯해 '오비-라거', '라가-비야' 등 깨알 같은 디테일을 지닌 복고 감성 문구들을 현대적으로 재해석해 선보였다. 오비라거를 기억하는 중장년층과 2030 소비자들은 뉴트로 감성에 열광했다. 지난 2020년 건대입구와 송파 먹자골목 등을 중심으로 열린 팝업스토어 '오비-라거 부드러움 연구소'는 랄라베어의 대형 이미지와 '여기라곰~' 등의 표현들로 단장해 2030의 인기를 한 몸에 받기도 했다.

▨ 신생 브랜드와 올드 브랜드의 컬래버레이션

신생 브랜드라면 '불황에는 레트로가 답'이라는 처방을 듣고도 난감해진다. 레트로한 브랜드 이미지가 없기 때문이다. 올드 브랜드도 고민하기는 마찬가지다. '낡은 것'과 '레트로한 것'은 다르다. 레트로 열풍에 올라타려면 단순히 오래되었다는 것을 넘어서는 무언가가 필요하다. 그렇다면 '컬래버레이션(협업)'을 고려해 보자. 신생 브랜드는 올드 브랜드로부터 역사를 빌려올 수 있고, 올드 브랜드는 새로운 영역에 도전하는 신선함을 얻을 수 있다.

컬래버레이션은 소비자의 초기 이목을 집중시키고, 비용 대비 효과를 극대화할 수 있다. 앞서 말했듯 오래된 브랜드의 경우 익숙한 제품을 소비자들에게 재밌게 홍보해야 한다. 또 새로운 수요를 지속적으로 끌어들여야 하는데 컬래버레이션이 이에 굉장히 효과적이다. 이뿐만 아니라 젊은 층에게도 빠른 호응을 얻을 수 있다. 협업 상품 대부분이 한정판으로 출시되기 때문에 소비자에게 소장 가치를 불러일으키는 데다, SNS 인증 샷 문화가 하나의 시너지를 낼 수 있다.

대한제분의 마케팅 성공 사례를 예로 들어보자. 최근 협업 마케팅의 중심에는 '곰표'가 있었다. 곰표 제품은 2019년 곰표 팝콘으로 시작해 맥주, 막걸리, 화장품 등 굉장히 다양한 카테고리를 선보이며 그야말로 대박을 터트렸다. 업계에서는 이를 '곰표 유니버스'라고 표현하기도 했다. 그중에서도 '곰표 밀맥주'는 지금까지 가장 크게 화제가 된 제품이다. 곰표의 밀가루를 연상시키는 밀맥주라는 카테고리를 선택하는 한편, 기술력을 갖춘 세븐브로이와의 협업을 통해 출시했다. 수제 맥주에 대한 관심도가 높아지는 시기에 맛과 퀄리티를 높여 소비자들의 선택을 받았다. 소비자들은 "디자인도 예쁜데 맛도 좋다"라고 평가했다. 인기는 급물살을 탔다. 2021년에 들어서는 맥주업계

곰표 유니버스

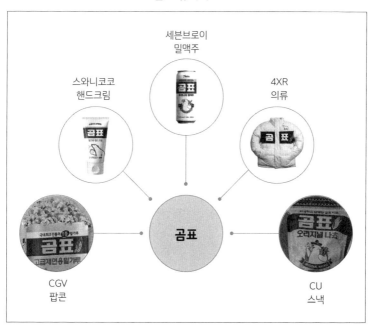

의 강자인 카스와 테라를 제치고 편의점 맥주 매출 1위에 올라 화제를 모았다.

식품 회사와 수제 맥주 회사의 컬래버레이션은 예상보다 더 인기가 오래 지속됐다. 곰표의 밀가루를 직관적으로 떠올릴 수 있는 아이템인 데다, 제조사인 세븐브로이의 기술력, 곰표의 캐릭터까지 삼박자를 고루 갖췄다는 평가를 받으며 스테디셀러로 자리 잡았다. 일각에서는 2020년의 곰표를 기점으로 편의점 협업의 전성시대가 열렸다고 해도 과언이 아니라는 표현을 하기도 했다. 덕분에 곰표를 소재로 한 상품이 우르르 나오기도 했다. 편의점 CU에 따르면, 2022년 11월 한 달 동안에만 400여 개의 콜라보 상품이 쏟아졌다. 그 정도로 유통업계에서는 제2의 곰표 제품을 만들기 위해 공을 들였다. 현재까지도 곰표의 신화는 이어지고 있을 정도다. 2023년 3월에만 하더라도 곰표 '자일리톨 캔디'가 나왔다.

이처럼 그냥 오래된 브랜드로 남아있을 뻔한 곰표를 감각적이고 레트로한 브랜드로 회춘할 수 있도록 이끈 사람은 김익규 대한제분 마케팅 상무다. 대한제분은 오랜 역사를 갖고 있어 회사에 대한 이름 자체는 익숙했으나, B2B를 주력으로 하는 밀가루 브랜드라는 이유에서 젊은 세대에게 어떤 회사인지 인식되기는 어려웠다. 브랜드에 대한 이미지 전환이 필요한 시점이었다. 그는 이에 대한 방법을 모색하기 위해 '리브랜딩'이라는 키워드에 주목했다. 백곰을 하나의 캐릭터로 만들어 소비자들에게 친숙하게 다가서고자 마음먹었다. 1950년대만 하더라도 문맹률이 높아 누구나 밀가루라는 것을 인지할 수 있도록 로고화됐던 백곰, 70대를 바라보던 노구의 캐릭터 '표곰이'는 그렇게 대한민국에서 가장 힙한 '스타 곰'으로 거듭나게 됐다.

특히 시장에서 많은 협업 제품들이 반짝 등장하고 사라졌지만, 곰표의 협업 제품이 롱런할 수 있었던 비결은 'DNA'를 기반으로 한 제품만 내놓았다는 데 그 비결이 있다. 곰표의 굿즈는 출시될 때마다 큰 화제의 중심에 섰는데, 이러한 굿즈들은 곰표가 추구하는 가치를 바탕으로 기획됐다. 업계에 따르면 곰표 협업은 '즐거운 요리 동반자라는 곰표의 브랜드 아이덴티티에 부합할 것', '곰표를 대표하는 마스코트인 북극곰 표곰이의 하얗고 부드러운 캐릭터와 잘 어울릴 것', 'MZ세대에 소구할 수 있는 제품일 것'을 기준으로 카테고리와 제품의 종류를 정한 것으로 알려졌다. 협업업체 역시 까다로운 기준을 가지고 컨택했다. 규모보다 기술력을 갖춘 곳, 진정성과 스토리를 가진 브랜드 중 굿즈의 기획 단계부터 함께할 수 있는 곳으로 선정했다. 협업을 시작하면서는 곰표가 가진 속성과 캐릭터 등 이미지뿐 아니라, 궁극적으로 제품을 만들게 된 이유와 방향성, 아이디어 등을 꼼꼼하게 전달했다. 업체의 스토리와 기술력까지 함께 녹아들 수 있도록 의견을 나누어 제품을 기획하고 제작한 것이다.

그중에서도 세븐브로이처럼 곰표와 함께 협업했던 업체들은 장수 브랜드인 곰표의 오래되고 친숙한 이미지를 등에 업고 마케팅할 수 있었다. 밀가루의 하얀 이미지에 맞춘 제품과 마케팅에 소비자들은 품절 대란을 일으키며 환호했다. 곰표의 굿즈는 젊은 세대들에게 곰표를 알리는 매우 큰 역할을 했고, 협력업체들은 곰표와 협업하지 않았다면 시도하지 못했을 마케팅으로 시장을 공략할 수 있었다. 곰표와 세븐브로이는 현재 협업을 종료한 상태지만 이 둘의 만남은 컬래버레이션으로 하나의 트렌드를 만든 대표 사례로 꼽힌다. 곰표의 탄생을 지켜보고 곰표로 요리를 하며 곰표를 먹고 자란 세대뿐 아니라 이제 막 곰표를 먹기 시작하는 아이들까지 하나로 연결한 데엔 무엇보다 이 굿즈의 역할이 컸다. 곰표는 효과적인 마케팅을 위해 2030세대에게 곰표를 보다 새로운 브랜드로 인식시키고자 했고, 그들의 취향에 맞는 굿즈를 만들었다. 곰표의 브랜드를 알리고 정체성을 보여주기에 적합한 다양한 곰표 굿즈는 2030세대뿐 아니라 중장년층의 큰 사랑과 관심으로 이어졌다.

▤ 추억을 온몸으로 체험하게 하는 팝업스토어

레트로 마케팅을 시도할 때 자주 사용되는 기법으로 팝업스토어가 있다. 소비자에게 있어 체험은 매우 중요한 구매 판단 요소로 작용한다. 기업들은 사회적 거리두기 해제와 함께 가장 먼저 오프라인 중심의 마케팅을 확대하기 시작했다. 젊은 세대가 즐겨 찾는 지역에 유명 유튜버와 손을 잡고 팝업스토어를 오픈해 '온라인에는 없는 체험'을 제공함으로써 소비자들과의 친밀도를 높이고자 했다. 팝업스토어는 짧은 기간 동안 운영하다 접는 '임시 매장'을 일컫는다. 인터넷 웹페이지에서 잠깐 떴다 사라지는 '팝업창'과 비슷하다고 해서 붙은 이름이다. 단시간 내 반짝 홍보가 필요한 기업과 브랜드를 중심으로 자주 활용된다. 운영 시기와 장소 등을 보다 유연하게 정할 수 있고, 보증금, 임차료, 인테리어비 등이 정규 매장보다 한결 저렴하다는 장점이 크다. 공간 활용 역시 뛰어난 데다, 브랜드 이미지 전환에도 효과적이어서 업계 전반적으로 선호하는 분위기다. 특히 주 소비층으로 부상한 MZ세대들이 SNS를 통해 일상을 공유하며 특별한 경험을 찾아다니는 경향이 강해지기 시작하면서, MZ세대를 사로잡는 방법으로 체험형 콘텐츠를 갖춘 팝업스토어가 더욱 각광받고 있다.

실제로 2022년 30주년을 맞은 롯데리아는 간판 메뉴인 불고기버거를 앞세워 젊은 층을 공략하기 위해 처음으로 '불고기버거 팝업스토어'를 열었다. 팝업스토어는 과거, 현재, 미래의 다양한 공간을 통해 불고기버거의 비전을 보여주고 롯데리아라는 브랜드 경험을 제공하고자 기획됐다. 포토 존과 이색 체험, 게임, 볼거리 등으로 다양하게 즐길 수 있는 공간을 마련하고, MZ세대 신진작가들과 협업한 굿즈 상품과 이곳에서만 맛볼 수 있는 한정판 햄버거를 선보였다. 업계에서는 파격적이라는 평가가 나왔다. 그동안 롯데리아는 전통적인 햄버거 프랜차이즈 사업을 꾸준히 유지하는 데 초점을 맞춰왔기 때문이다. 긍정적인 반응만큼 방문객도 많았다. 운영 기간인 19일 동안 직간접 체험객이 20만 명을 기록했다. 롯데리아의 대표 색깔과 로고를 드러내지 않고 선입견 없는 즐거움을 제공하고자 한 전략은 고객들의 흥미와 호기심을 자아내기에 충분했다.

팝업스토어는 다양한 형태로 발전해 나가고 있다. 최근에는 유명 요리 유튜버와 손잡고 기업의 제품을 활용해 색다른 요리를 만들어 제공하는 식의 팝업스토어도 인기다. 획일화된 제품을 다양하게 즐길 수 있는 색다른 방법과 과정을 공개해 소비자들의 흥미를 유발하고, 소비자들이 이를 SNS에 공유함으로써 알려지는 홍보 효과를 기대한 것이다. 신제품은 소비자 인지도가 낮은데 유명 유튜버와 협업할 경우 인지도 및 제품에 대한 호기심이 높아져 마케팅 차원에서 큰 도움이 된다. 오래된 브랜드의 경우에도 젊은 브랜드 이미지를 가져가기에 긍정적이다. '국순당 생막걸리 팝업스토어'가 이 사례에 해당된다. 국순당은 MZ세대와의 소통에 적극적으로 나서기 위해 2022년 9월 2주간 젊은 층에서 인지도가 높은 유튜버 '승우아빠'가 운영하는 레스토랑 키친마이야르에서 '국순당 생막걸리 팝업스토어'를 진행했다. 국순당과 유튜버 승우아빠의 콜라보 메뉴인 아코디언 삼겹 떡볶이, 오징어순대 콤보, 페퍼로니 치즈 감자전과 함께 승우아빠 팀이 국순당 생막걸리를 활용해 개발한 고수 막걸리, 피나콜라다 막걸리, 크림소다 막걸리, 오이멜론 막걸리 등 막걸리 칵테일 4종을 선보이면서 방문객들의 뜨거운 반응을 얻었다. 막걸리는 올드한 술이라는 선입견을 깸과 동시에 한 발 더 친숙해지는 계기가 됐다.

다만, 홍보 효과가 높은 만큼 감내해야 할 기업 부담도 적지 않다. 일반적으로 판매형보다 체험형 팝업스토어에 비용이 더 많이 든다. 체험형 팝업스토어는 집객 그 자체가 목적인 만큼 가로수길, 성수동, 홍대 등 유동인구가 많은 지역에 열어야 하고, 볼거리, 즐길 거리, 먹거리 등 다양한 콘텐츠가 동반돼야 하기에 단독 공간이 필요하다. 통상 팝업스토어는 한정 기간 운영되기에 흥행 실패를 방지하기 위해 미디어, SNS 채널, 인플루언서 등을 대상으로 사전 홍보를 적극 실시하는 편이다. 최대한 많은 소비자들에게 브랜드 경험을 제공하자는 것이 주목적이기에 어느 정도 비용이 수반되더라도 브랜드 홍보를 위한 투자의 일환으로 바라봐야 한다. 팝업스토어를 여는 목적 자체가 소비자에게 브랜드 스토리를 들려주고 브랜드의 성격과 특징을 보여주며 친숙하게 다가가는 것이기 때문에, 얼마나 많은 사람들이 팝업스토어를 방문했고 SNS에 인증 사진을 올리며 경험을 공유했느냐가 흥행을 가른다. 갈수록 유튜브 등 광고를 보지 않는 소비자들이 늘고 있기 때문에 브랜드의 스토리를 효과적으로 전달하기 위해서는 이만한 투자가 없다. 팝업스토어는 사실상 단기 수익보다는 중장기 차원에서 브랜드 이슈화에 목적을 두고 운영을 하는 것이 옳다.

무지출 챌린지와 플렉스가
동시에 유행하는 이유

▒ 불황에 강한 '명품의 경제학'

불황일수록 잘 팔리는 상품들이 있다. 복권이나 립스틱, 중고품들
이 대표적이다. 또 일반적으로 저가의 제품도 어려운 시기일수록 불
티나게 팔리는 경향이 크다. 그러나 이와 반대로 고가의 사치품, 즉
우리가 '명품'이라고 부르는 상품들도 불황기에 더 잘 팔린다. 한국은
이제 명품 소비 '1위국'으로 등극했다. 명품 선호는 비단 우리나라에
만 국한된 현상은 아니지만 유독 우리나라에서 심하고, 베블런 효과
도 지나치게 잘 들어맞는다. 명품을 사기 위해 줄을 서고, '언박싱(박스

소비 양극화를 보여주는 현상

무지출 챌린지
지출을 극한으로 줄이려는 유행으로 하루에 돈을 한 푼도 쓰지 않는 것을 목표로 한다.

거지방
절약을 권하려는 사람들이 모인 온라인 채팅방으로 누군가 "아이스아메리카노를 마시고 싶다"고 하면 "아리수를 마셔라"라고 답한다.

식비 다이어트
생활비를 아끼기 위해 저렴한 편의점 도시락을 먹거나 아예 1일 1식을 시도하기도 한다.

명품 소비 1위
한국인은 1인당 325달러(약 40만 4,000원)를 명품에 소비하며 미국, 중국을 제치고 세계 1위를 기록했다.

이왕이면 프리미엄
절대 가격이 높은 사치품을 소비하지는 않더라도, 특별한 순간에는 상대적으로 고급스러운 물건을 구매하려는 사람이 증가하며 '프리미엄 술'이나 '호텔뷔페' '오마카세'의 수요가 늘었다.

언박싱
명품에 대한 관심이 높아지면서 고가의 물건이나 한정판 제품을 처음으로 '개봉'하는 순간을 기록한 언박싱 영상이 인기를 끌고 있다.

에서 제품을 꺼내는 일' 과정을 SNS에 자랑하는 것도 낯설지 않을 만큼 흔한 풍경이다. 물가상승으로 인한 심각성이 연일 뉴스에 보도되고, MZ세대의 취업난 등 어려움이 회자되고 있는 상황에서도, 명품산업만은 나날이 성장하고 구매층도 폭넓게 확대되고 있다. 일각에서는 명품 매출 증가율이 다소 주춤한 점을 들어 위기설을 제시하고 있기도 하다. 그러나 업계에서는 이를 명품 수요를 떠받치던 2030세대의 해외여행 재개에 따른 자연스러운 현상으로 바라보고 있다.

한국은 2022년 국민 1인당 명품 구매로 세계에서 가장 많은 돈을 쓴 것으로 조사됐다. 글로벌 투자은행 모건스탠리 보고서에 따르면 2022년 한국인의 명품 소비액은 2021년보다 24% 증가한 168억 달러(약 20조 9,000억 원)로 확인됐다. 이는 한국인 1인당 325달러(약 40만 4,000원)를 명품에 소비한 것으로 미국(280달러, 약 34만 8,000원), 중국(55달러, 약 6만 8,000원)보다 많다. 한국의 명품 사랑은 외신에 등장할 정도다. 유로모니터의 조사 결과 한국의 명품 시장은 2021년 기준 16조 원 규모로 세계 7위권이다. 같은 해 한국의 국내총생산GDP은 세계 10위였다. 버는 수준에 비해 다른 나라보다 명품을 더 많이 소비한다고 볼 수 있다. 실제로 2022년 신세계백화점과 현대백화점은 명품 시장의 호황으로 사상 최대 매출 실적을 기록했다. 롯데백화점은 코로나19 이후 3년 만에 매출 3조 원대를 회복했다.

명품 브랜드 업체들의 배도 갈수록 두둑해지고 있다. 금융감독원에 따르면 명품 3대장인 '에르메스, 루이비통, 샤넬(일명 에루샤)'이 한국 시장에서 벌어들이는 수익은 해마다 증가하고 있다. 명품 위의 명품이라 불리는 에르메스코리아의 2022년 매출은 전년 대비 23.2% 늘어난 6,501억 원을 기록했다. 같은 기간 루이비통코리아의 매출은 15.2% 늘어난 1조 6,922억 원으로 나타났다. 또 샤넬의 국내 매출은 전년 대비 30% 증가한 1조 5,913억 원으로 확인됐다. 국내에서 매출액 1조 원이 넘는 명품 브랜드는 샤넬과 루이비통이 유일하다. 영업이익은 더 크게 늘었는데, 이 기간 에루샤의 영업이익 신장률은 각각 23.2%, 38.3%, 66.9%에 이른다.

명품 브랜드 업체들이 이처럼 폭발적으로 몸집을 키울 수 있었던 건 1년에도 몇 차례씩 가격인상을 단행하며 배를 불려온 덕이다. 매년 1월 가격을 올리는 에르메스는 2022년 가격을 4% 올린 데 이어 2023년에는 인상폭을 5~10%로 확대했다. 샤넬은 2022년에만 총 4차례(1, 3, 8, 11월) 가격을 끌어올렸다. 이게 끝이 아니다. 다음 해 3월 샤넬은 주요 핸드백 가격을 최대 6% 인상했다. 2022년 11월 5~16%를 올린 뒤 불과 3개월 만이다. 이를 두고 일각에서는 오래전부터 "명품업체들이 유독 한국에서 배짱 영업을 한다"라는 비판을 지속하고 있지만, 명품러들은 개의치 않는 분위기다. 얼마나 가격을 올리든 인기는 줄지 않고 있다. 고물가로 서민들이 허리띠를 졸라매며 고통의 시간을 보내고 있는 것을 생각하면 고개가 갸웃거려지는 대목이다. 명품 러들은 오히려 "오늘이 가장 저렴하다"라고 생각한다.

그렇다면 왜 고물가 속에서도 수천만 원에 달하는 가방이 불티나게 팔리는 걸까. 명품 브랜드가 과거부터 현재까지 지속적으로 유지해 온 높은 브랜드 가치와 이미지 때문이다. 명품 브랜드는 그 자체로 이미지와 가치가 있는 상품이기 때문에 고객들의 수요는 계속 유지된다. 또한, 명품 제품은 일반적으로 고품질의 소재와 제조 방법을 사용하기 때문에 제품의 내구성과 품질 면에서 소비자의 구매 만족도가 높다. 경제 상황이 좋지 않은 환경에서도 소비자들은 어떤 제품을 구매할 때 브랜드 이미지와 자신의 신용도를 고려하는 경향이 크다. 명품 브랜드는 이미지와 가치 유지를 위한 노력을 계속하는 동시에, 소비자들에게 고객 만족을 주면서 브랜드 신뢰를 유지하고 있어 불황에서도 여전히 잘 팔리고 있다.

여기에 젊은 층의 불로소득이 많아진 것도 한몫했다. 과거의 명품은 중장년 여성들의 전유물처럼 여겨졌으나 최근 2~3년 사이 코인, 주식, 유튜브 콘텐츠 수익 등으로 MZ세대의 불로소득이 많아졌다. 그들에게 명품 소비가 하나의 문화로 자리 잡으며 지금의 시장이 형성됐다. 게다가 최근 몇 년 사이 SNS가 일상화되며 이를 매개로 명품을 과시하는 방법이 더 용이해졌다. '회소성'이라는 가치를 소비하고, 이를 통해 존재 가치를 과시하고 공유하며, 거기서 또다시 자극받아 모방 소비하는 쳇바퀴가 무한 반복되는 것이다. 최근에는 엔데믹 전환으로 해외여행이 크게 늘면서 명품 구매 수요가 분산되고 판매 역시 주춤하고 있지만, 앞으로도 명품 소비는 지속될 것이다. 한번 눈을 높여 명품을 사고 경험해 본 사람이 다시 눈을 낮추기란 쉽지 않기 때문이다.

▨ 양극화되는 주류 시장

소비 양극화 현상이 갈수록 뚜렷해지고 있다. 코로나19 이후 어려워진 경제 상황을 반영하듯 상대적으로 저렴한 가성비 제품을 선호하는 사람들이 증가하고 있는 데 반해, 프리미엄 제품을 찾는 수요도 크게 늘어나고 있는 추세다. 다시 말해서, 불황에 사업을 하려면 '최고의 가성비'를 무기로 삼거나 그러지 못할 바에는 아예 '프리미엄 브랜드'로 전환해야 한다는 뜻이다.

소비 양극화는 주류업계의 전략에도 영향을 줬다. 코로나19 이후 '집콕족'의 증가에 따른 '홈술' 시장이 메인으로 부상하면서 대용량 제품을 찾는 소비자가 크게 늘어 가성비 제품이 불티나게 팔리기 시작했지만, 반대로 좋은 원료를 사용한 고가의 프리미엄 제품을 찾는 소비자도 급증하면서 '투 트랙 전략'을 구사하게 되는 배경이 됐다. 주류업계는 바뀐 외식 시장의 트렌드를 공략하기 위해 가장 먼저 가성비 전략을 썼다. 고물가, 고금리, 고환율 시대가 이어지면서 소비자들의 주머니가 굳게 닫힌 것에 주목했다. 주류 시장에서 큰손으로 떠오르고 있는 MZ세대를 중심으로 실속형 소비를 추구하는 경향이 늘어났다는 점에 주목했다.

실제로 주류 기업들은 2022년 연말을 앞두고 일제히 2L급 대용량 페트 맥주를 잇따라 선보였다. 기존의 1.6L 제품보다 한 잔 이상 많으면서도 가격은 합리적인 수준을 유지하는 전략을 내세웠다. 계절적인 요인은 물론, 연말 파티 등으로 인한 대용량 제품의 비중이 높아질 것을 대비했다. 그중에서도 비주류 주종으로 꼽히는 '발포주'를 히든카드로 내걸었다. 발포주는 맥아 함량 기준이 10% 미만인 주류로, 주세법상 일반 맥주가 아닌 기타주류로 분류된다. 주세법상 맥주의 세율은 72%에 달하지만 기타주류의 세율은 30%로 맥주보다 저렴하다. 맥주와 맛이 유사하지만 맥주보다 가격이 저렴한 이유다. 주요 주류업체들은 물가상승으로 경기가 어려워지자 발포주 제품 포트폴리오를 다양화하면서 점유율 확보에 속도를 높였다. 소비자들은 수제 맥주

만큼 넓어진 선택지에 열광했다. 주류업체들은 시장의 가능성을 엿볼 수 있는 계기가 됐다. 이를 증명하듯, 이 시기 발포주 시장은 비약적으로 성장했다. 2017년 하이트진로가 내놓은 발포주 '필라이트'가 대박을 치자 2019년 오비맥주가 발포주 '필굿'을 내놓으며 시장을 확장했다. 시장은 2022년을 기점으로 더 커졌다. 신세계L&B가 2022년 맥주 첫 사업으로 발포주 제품을 채택하며 더욱 치열한 경쟁을 예고했다.

가성비 공식은 와인 시장에서도 통했다. 과거 와인은 값비싼 고급 술이라는 인식이 강했으나 코로나19 이후 혼술, 홈술 문화가 형성되면서 값싼 와인 일부가 홈술 시장을 주도하기 시작했다. 과거 홈술의 대표 주자는 맥주였지만, SNS 인증 문화 등이 영향을 미치면서 매출을 끌어올리는 데 일조했다. 가성비 와인은 유통 채널의 치열한 경쟁 과정에서 탄생했다. 편의점, 대형마트 등의 유통 채널은 이런 부분을 놓치지 않았다. 각 기업들이 '주酒도권'을 놓치지 않기 위해 경쟁적으로 초저가 와인을 들여오기 시작한 것이 시장 저변을 확대하는 하나의 배경이 됐다. 유통업계 입장에서 와인은 단골 확보가 중요한 '열쇠'로 통한다. 와인은 주류 시장 내에서도 크게 성장하고 있는 주종인 데다, 매장을 반드시 방문해야만 구입할 수 있다는 이유에서다. 쉽게 말하면 집객 효과에 탁월한 미끼상품인 것이다. 편의점에서 와인은 1만 원 이하의 가성비 와인이 와인 전체 매출의 30%를 차지할 만큼 탄탄

한 지지층을 확보하고 있다. 이를 이유로 업계에서는 한때 필사적으로 와인을 판매할 수 있는 모바일 서비스를 개발하는 데 총력을 기울였다. 여기에 각기 다른 콘셉트의 전용 와인 브랜드를 론칭하고 관련 상품들의 라인업을 넓혔다. 일례로 편의점 CU는 1인 가구 혼술족을 겨냥해 소주병에 담긴 소용량 와인 제품인 '와인 반병 까쇼'를 선보이면서 업계 안팎의 주목을 받았다. 뚱뚱하고 큰 와인병을 대신해 한 손에 쥐어지는 소주병에 와인을 담아 저렴하게 팔았을 뿐인데 혼술족의 뜨거운 관심과 호응을 받고 있다.

▥ 희소성과 상징성

가성비 주류 선호 현상과 함께 프리미엄 주류의 수요도 만만치 않게 늘었다. 정규 라인업 제품과 비교해 상대적으로 높은 가격에도 불구하고 희소성과 상징성은 물론, 남들과는 다른 술을 소비한다는 차별성 등이 수요의 증가로 이어졌다. 소비자들은 여럿이 마실 때는 가성비 술을, 소수로 즐길 때는 프리미엄 술을 찾았다. 궁극적으로 이런 소비 양극화 현상은 소득 격차가 커지는 것에 기인하지만, '작은 사치'를 위한 소비가 불황기에도 견고하기 때문이다. 일반적으로 불황기에는 생존을 위한 소비 시 극도로 가성비를 따지지만, 작은 사치를 위해서는 돈을 아끼지 않는 경향이 짙다. 소비에도 선택과 집중을 한다. 경기가 아무리 나빠도 소비자는 전에 없던 새로운 경험이나 상품에는 지갑을 연다.

소비자들은 고가의 프리미엄 술을 사 마시며 인증 샷을 찍어 공유하는 것을 하나의 문화로 즐기기 시작했다. 고가 제품 중에서도 증류주의 인기가 두드러진다. 과거만 하더라도 중장년층이 찾는 비싼 술로만 여겨졌으나 순식간에 상황이 반전됐다. 증류식 소주는 대부분 증류기에서 1회만 증류하는 전통 술이다. 많아도 2~3회에 그친다. 증류 횟수가 적을수록 원료의 풍미가 술에 스며들어 가치가 높다. 200회 넘게 증류를 거쳐 추출한 알코올에 물을 타서 만드는 희석식 소주보다 증류식 소주가 더 비싼 이유이기도 하다. 과거만 하더라도 높은 가격이 이 시장의 걸림돌로 작용했다. 하지만 최근 코로나19 사태와 만나 홈술 문화가 일상이 된 데다, '가심비(가격 대비 마음의 만족)'를 추구하는 MZ세대가 주요 고객층으로 부상하면서 '핫'한 술로 빛을 봤다.

실제로 하이트진로에 따르면 2022년 일품진로의 매출은 전년 대비 67% 증가한 것으로 집계됐다. 일품진로는 2020년 코로나19의 확산에도 불구하고 홈술과 혼술, 증류주 열풍이 불기 시작하며 2019년보다 13% 성장했고, '일품진로 1924'에서 '일품진로'로 제품명을 변경하는 등 전면 재단장을 진행한 2021년에는 78%의 고성장을 이뤘다. 2022년 역시 증류식 소주의 수요가 지속적으로 늘어나며 높은 성장세를 이어갔다. 증류식 소주의 순항은 술에 대한 소비자들의 변화된 인식에 기인한다. 술이 단순히 취하기 위해 마시는 수단이 아닌, 취향을 드러내는 하나의 문화로 자리 잡으면서 '좋은 술'에 대한 수요가 늘었고, 상대적으로 가격이 높은 증류식 소주 시장에 대한 주목도도 높아졌다.

특히 힙합 가수 박재범이 이 시장에 발을 들이면서 전통주에 대한 이미지도 크게 바뀌었다. 전통주와 거리가 있어 보이는 힙합 가수인 박재범이 농업회사법인을 설립하고 전통주를 생산 및 판매한다는 점이 대중에게 신선하게 다가오면서 분위기 전환에 일조했다. 2022년 주류 시장의 최대 히트 상품은 다름 아닌 '원소주'였다. 박재범이 2022년 2월 출시한 증류식 소주 원소주는 일반 소주(희석식)보다 7배가량 높은 가격에도 구매를 위한 오픈런이 일상일 정도였다. 더현대 서울에서 열린 팝업스토어와 원소주 자사 온라인몰, 카카오톡 선물하기에서는 판매가 시작되자마자 초도 물량이 모두 소진되기도 했다.

원소주 열풍은 '힙'한 술이라는 이미지 때문만은 아니었다. 소비자가 추구하는 차별점을 술에 담았다는 점이 주효했다. 원소주는 소비자가 원재료의 맛과 향을 느끼며 마실 수 있는 술을 원한다는 점을 마케팅의 원천으로 삼았다. 또 단순히 마시기만 하는 주류가 되지 않기 위해 소비자들이 직접 체험하고 인증할 수 있도록 팝업스토어, 페스티벌, 타 브랜드와의 컬래버레이션 등 기존 주류 시장에서 볼 수 없었던 새로운 콘텐츠를 끊임없이 만들었다. '술 판매' 자체가 아닌 '문화전파'에 초점을 맞췄다. 그 결과 원소주는 연예인 술의 중심이자, 전통주 하면 떠오르는 핫한 술로 거듭날 수 있었다.

급기야 원소주는 업계의 트렌드도 바꿔놨다. 참이슬과 처음처럼 등 희석식 소주가 주를 이루는 소주 시장에 증류식 소주가 잇따라 도전장을 내밀게 만들었다. 편의점 3사(CU, GS25, 세븐일레븐)는 각 연예인과 손잡고 프리미엄 증류식 소주를 본격적으로 선보이기 시작했다. 증류식 소주 제품 협업 과정에 참여한 연예인의 이름이나 히트곡 이름을 딴 제품명을 선보이는 방식으로 시장에 뛰어들었다. 전체 소주 출고량에서 증류식 소주가 차지하는 비중은 1% 수준으로 미미했지만 시장은 높은 성장세에 주목했다. 국세청에 따르면 증류식 소주의 출고량은 2022년 2,480 kl로 전년(1,929 kl)대비 28.5% 늘었다. 반면 희석식 소주의 출고량은 전년(87만 4,537 kl)보다 5.5% 감소한 82만 5,848 kl를 기록했다. 2022년 증류식 소주 시장의 규모는 700억 원 정도로 추산되는데, 다음 해에는 이를 훌쩍 뛰어넘을 것이라는 전망이 실행력을 높였다. 실제로 2022년 12월 편의점 CU는 래퍼 윤미래와 함께 '미래 소주'를 출시했다. 같은 시기 세븐일레븐도 가수 임창정과 함께 '소주한 잔'을 내놓았다. 현재 원소주는 GS25에서 단독으로 판매되고 있다. 이로써 편의점 3사의 3색 소주 경쟁 구도가 완성됐다.

업계에선 증류식 소주의 흥행 요인으로 소비자들의 욕구를 충족시킨 점을 꼽는다. 증류식 소주가 젊은 층 사이의 '한 잔을 마셔도 힙하게, 고급스럽게 마시자'라는 욕구를 해소해 주면서, 남들과 다른 특별한 경험을 중요시하는 젊은 고객들이 가격이 비싸더라도 한정판 프리미엄 소주를 찾게 되었다는 것이다. 앞으로도 차별화된 주류를 선보이려는 기업들의 행보는 계속될 것으로 보인다. 향후에는 어떤 유명 연예인의 이름을 건 전통주가 나와 어떻게 주류 문화를 뒤바꿔 놓을지 기대되는 대목이다.

▥ '아재 술' 위스키의 변신

위스키 시장도 때아닌 호황을 맞았다. 관세청에 따르면 2022년 스카치, 버번, 라이 등 위스키류의 수입액은 2억 6,684만 달러로 전년보다 52.2% 늘었다. 이는 지난 2007년(2억 7,029만 달러) 이후 15년 만에 최대치다. 위스키 수입액은 2007년 정점을 찍은 이후 줄곧 하향 곡선을 그려왔으나, 2021년을 기점으로 줄곧 상향 곡선을 그리면서 2022년에 정점을 찍었다.

과거 위스키는 유흥 주점에서 마시는 '아재 술'의 전유물로 여겨졌으나, 최근 MZ세대 사이에서 하이볼(순한 과일주 등에 고도주를 섞은 혼합 술)이나 칵테일을 선호하는 음주 트렌드가 성행하면서 위스키류의 인기도 높아졌다. 집에서 즐길 수 있는 작은 사치의 일종으로 위스키와 하이볼을 향유하는 젊은 소비자가 크게 증가하면서 매출도 덩달아 늘었다. 특히 집 앞 편의점에서도 손쉽게 구할 수 있게 되는 등 접근성이 높아진 것도 위스키의 위상에 영향을 미쳤다. 코로나19로 외식이 어려워지면서 젊은 층 사이에서 '밖에서 사 먹을 돈으로 집에서 고급술을 마셔보자'라는 생각이 퍼지며 위스키 시장의 인기가 올라가기 시작했다.

위스키 업계의 마케팅 전환도 한몫했다. 그간 국내에서 위스키 시장은 코로나19의 영향으로 영업시간과 모임 제한 등으로 실적이 좋지 못했다. 사회적 거리두기가 지속되면서 유흥 주점은 한때 영업 중지(집합 금지 명령)에 들어갔고 면세점마저 임시 휴업에 돌입하면서 그야말로 '사면초가'의 위기에 처했다. 소비축이 유흥, 외식에서 홈술로 이동하면서 어려움은 더욱 가중됐다. 업계는 코로나19 사태로 당시 매출의 70~80%가 빠진 것으로 파악하고 있다. 위스키 업계는 위기를 극복하기 위한 자구책으로 다양한 마케팅을 펼쳐왔다. 마트, 편의점 등 유통 채널의 다변화로 활로를 모색하고 혼술, 홈술 트렌드에 맞는 소용량 제품과 다양한 음용법이 담긴 프로그램을 선보이는 등 소비층 확대에 힘을 쏟았다. 젊은 층이 위스키를 부담 없이 즐길 수 있도록 지속적으로 하이볼을 이용한 레시피를 추천하기 시작하면서 보다 많은 사람이 위스키 시장에 유입할 수 있도록 진입 문턱을 낮췄다. 또 유흥주점 마케팅으론 내부에 컵과 받침대, 얼음통 등을 통해 제품을 홍보하면서 위스키 시장은 다시 부활의 날갯짓을 할 수 있었다.

위스키의 인기는 편의점의 주류 트렌드를 또다시 바꿔놓는 계기가 됐다. 유행의 중심엔 언제나 편의점이 있다. 이번에도 편의점이 빨랐다. 팬데믹 기간 홈술 트렌드 속에서 위스키를 구매해 직접 하이볼을 제조했던 소비자들이 최근에는 간편하게 즐길 수 있는 레디투드링크RTD 하이볼을 찾기 시작하면서 편의점들은 이들의 수요를 잡기 위해 신제품을 잇따라 쏟아냈다. 편의점은 '진짜 위스키'를 넣은 캔 하이볼 제품을 일본에서 전량 수입해 선보이기 시작했다. 위스키에 빠진 2030세대 주당들의 마음을 사로잡기 위해서다. 편의점 업계가 앞다퉈 위스키 제품 출시에 나선 이유는 MZ세대 사이에서 위스키를 즐기는 주류 문화가 확산되면서 위스키가 편의점 주류 카테고리 매출 신장의

1등 공신을 하는 품목으로 자리 잡아가고 있기 때문이었다. 편의점의 하이볼 상품들이 인기를 끌고 있는 것은 경제성과 편리함이 절대적이다. RTD 형태의 완성형 상품이어서 별도의 제조 과정 없이 간편하게 즐길 수 있으며, 가격 역시 일반 주점 대비 40~50%가량 저렴하다.

이제 위스키는 전 세계적으로 매우 인기 있는 주류 중 하나다. 최근 몇 년간 위스키에 대한 수요가 성장하면서 그 범주와 스타일도 확대되고 있으며, 이는 위스키 시장이 소비자의 입맛과 다양한 취향에 반응하고 있기 때문으로 보인다. 위스키 규모 역시 꾸준히 확대되는 추세인데, 전망도 밝아서 앞으로도 높은 인기를 유지할 것으로 예상된다.

▨ 평일엔 삼각김밥, 주말엔 플렉스

불황을 잊은 듯이 프리미엄 시장이 활성화되는 역설은 주류 외의 시장에서도 발견된다. 고급 호텔뷔페와 한식뷔페 업계의 희비가 교차하고 있는 것이다. 한식뷔페는 하루가 멀다 하고 잇따라 문을 닫고 있는 반면에 고가의 가격을 앞세운 고급 호텔뷔페는 자리가 없어 예약을 하지 못할 정도로 두 업체 간의 온도차가 크다. 한식뷔페 매장은

2023년 대기업 계열사 중 유일하게 이랜드이츠가 운영하는 '자연별곡'이 남았다. 다만 자연별곡은 2020년부터 매장을 정리하기 시작해 3개의 매장을 제외하고 모두 문을 닫았다. 경쟁사 CJ푸드빌의 '계절밥상'은 2022년 4월을 끝으로 오프라인 사업을 정리했고, 신세계푸드가 운영하던 한식뷔페 '올반'도 2020년 사업을 접었다. 여기에 한식뷔페의 선발주자였던 '풀잎채' 역시 2020년 모든 매장을 철수했다. 몇 년 전만 해도 주요 한식뷔페 브랜드는 총 100개가 넘었지만, 2023년 8월을 기준으로는 '빅3' 업체를 모두 합쳐 매장이 자연별곡 3개만 남았다.

한식뷔페는 CJ푸드빌의 계절밥상을 시작으로 2013년 국내에 처음 등장한 이후 2010년대 중반에 전성기를 보냈다. 그러나 2016년 중소기업 적합업종 지정에 따른 신규 출점 제한과 경쟁 과열, 외식 트렌드의 변화, 1인 가구의 증가 등을 배경으로 성장이 정체됐다. 특히 코로나 감염병 유행은 뷔페업계에 직격탄을 날렸다. 감염의 우려로 외식 매장을 찾는 발길이 줄어든 데다가 뷔페업종이 '고위험시설'로 지정되면서 2020년 8월부터 한식뷔페를 비롯한 모든 뷔페 매장의 영업이 약 두 달간 전면 중단되면서 치명타를 입었다. 식자재와 인건비 상승은 물론 여러 인원을 수용할 수 있는 큰 매장의 임대료까지, 감당해야 할 고정비 부담이 만만치 않은 상황에서, 뷔페 이용료를 상향 조정하기도 쉽지 않다는 점이 업계의 숨통을 조였다. 이런 가운데 코로나 팬데믹 기간 고위험 시설이라는 낙인까지 찍히면서 우르르 문을 닫았다. 최근 고물가로 인해 식사부터 디저트까지 한 번에 해결할 수 있어 상대적으로 저렴한 한식뷔페가 다시 재주목 받는 분위기지만, 기업 입장에서 인건비나 식재료비와 같은 운영비 부담이 크고 가격을 마음대로 올리기도 쉽지 않아 과거와 같이 점포 수가 크게 늘어날 것으로 보이지 않는다.

반면 비싼 가격에도 고급 호텔뷔페는 승승장구 중이다. 잇따른 가격인상으로 '호텔뷔페=10만 원 초반'이라는 공식을 깨고 '1인 20만 원'짜리 뷔페까지 등장했음에도 자리가 없어 방문이 어려울 정도로 인기를 이어가고 있다. 코로나19 팬데믹 기간, 서울 시내 특급 호텔의 객실이 텅 빈 상황에서도 식음을 즐기기 위해 들른 고객은 인산인해를 이뤘다. 아직 외국인 관광객 수요가 완전히 회복되지 않은 상황에서도 뷔페로 대표되는 호텔 식음료 부문은 상대적으로 특수가 한창이다. 이를 두고 업계에서는 프리미엄, 럭셔리 소비 트렌드 공략이 먹혔다고 분석하고 있다. 억눌렸던 소비심리가 폭발하고, 씀씀이가 커지면서 특급 호텔에서 즐기는 고급 식사와 디저트가 인기를 얻었다는 것이다. 특히 '스몰럭셔리'를 즐기는 MZ세대의 취향을 제대로 사로잡았다. 수천만 원을 호가하는 명품을 사기에는 부담스럽기 때문에 고가의 식사 등으로 사치를 부리며 만족감을 느끼려는 사람들이 많아졌다. 무엇보다 호텔뷔페가 인기를 끄는 이유는 다양한 음식과 음료가 제공되어 여러 종류의 음식을 한 번에 즐길 수 있기 때문이다. 또한, 호텔뷔페에서는 전문 요리사가 요리를 직접 제공하며, 신선한 재료와 다양한 조리 방법으로 조식, 중식, 석식의 식사를 즐길 수 있다. 이 외에도, 호텔뷔페는 인테리어와 분위기가 좋아 여러 시설들의 야외나 전망까지 즐길 수 있어 대중에게 사랑받는 것으로 알려져 있다. 행사나 축하 모임 등 특별한 날을 기념하기에도 좋은 장소로 이름나 있기도 하다.

고급 식재료에 대한 열망은 물가상승 속에서도 꾸준한 인기를 끌고 있다. 오마카세 열풍을 예로 들 수 있다. 나만을 위해 좋은 품질의 음식을 소비하고자 하는 욕구가 확산되면서, 특별한 한 끼에 기꺼이 지갑을 열며 '플렉스'를 즐기는 소비자들이 늘고 있다. 미식 열풍으로 인해 맛집, 미슐랭, 먹방 같은 용어가 일상이 됐고 특히 고급 외식이 인기를 더해가고 있다. '배달의민족'을 운영하는 '우아한형제들'은 서울대학교 소비트렌드분석센터와 함께 연구해 집필한 '2023 외식업트렌드' 키워드 7개를 공개했다. 그중에서도 가장 먼저 꼽힌 키워드는 '금쪽같은 내 한 끼Casual but special'다. 이제는 가성비가 단순히 '효율 대비 저렴한 것'이 아니라 '최고의 만족'이라는 기준으로 옮겨갔다. 점심은 간단하게 먹더라도 저녁은 호텔에서 식사하는 등 적어도 한 끼

만큼은 충분한 시간을 들여 즐기려는 소비 행태가 파악됐다. 관련 연구진은 일식 '오마카세'부터 가게 사장님이 알아서 안주를 내주는 '이모카세', 디저트도 천천히 즐기는 '애프터눈티' 등 다양한 분야에서 이 같은 트렌드가 감지됐다고 설명했다.

주로 일식당에서 사용되는 '오마카세'라는 단어는 셰프에게 요리를 전적으로 맡긴다는 의미다. 그때그때 가장 신선한 제철 재료나 최고급 지역 특산물 등을 이용해 셰프가 자신만의 레시피로 수준 높은 요리를 선보이는 특선 상차림이다. 한 끼에 수십만 원을 지불해야 하지만 예약하기가 하늘의 별 따기다. 최근에는 일식을 넘어 한우, 양고기, 장어 등 보다 다양한 입맛을 겨냥한 오마카세도 인기를 끌고 있다. 오마카세의 인기는 최근 나타나는 젊은 층의 소비 양극화 현상을 반영하고 있다. 고물가 시대의 영향으로 '짠테크'를 시작한 청년들이 많아졌지만 동시에 이들이 명품, 프리미엄 시장의 주요 소비층으로 부상하고 있다. 이에 최고급 정찬을 선보이는 '미식의 꽃' 특급 호텔들도 오마카세 열풍에 합류했다. 각 호텔의 주력 레스토랑은 저마다의 특장점을 살린 오마카세 상차림으로 새로운 고객층 확보에 나서고 있는 상황이다.

그렇다면 오마카세 인기의 원동력은 무엇일까. 오마카세는 고객에게 완벽한 맞춤형 서비스를 제공한다. 스시 오마카세를 예로 들어보

자. 모든 스시는 그날그날 공수되는 신선한 재료만 사용한다. 손님이 먹는 속도에 맞추어 스시가 만들어지고 개인의 접시에 놓이는 속도 역시 그에 따라 조절된다. 셰프는 식사 중 손님의 미묘한 반응을 수시로 확인하고 요리에 변화를 주는 한편, 손님은 셰프와 가까운 거리에 마주 앉아 자신이 원하는 바를 즉시 주방에 전달하고 피드백을 받아볼 수 있다. 또 다른 포인트는 평소 먹지 못하는 식재료를 맛볼 수 있는 '경험 소비'를 한다는 것이다. 오늘날의 소비자는 단순히 배만 채우는 식사에 만족하지 못한다. '내가 어디에서 무얼 먹었는지'를 중시한다. 게다가 일종의 과시욕까지 존재한다. 오마카세는 그 자체로 소비자의 이러한 욕구를 충족시킨다. 오마카세는 높은 수준의 전문성과 지식, 뛰어난 요리 경험을 지닌 셰프에 의해 제공된다. 업장의 분위기는 정갈하고 고급스러우며 그것을 증명하듯 가격대는 높지만 서비스는 친절하고 음식의 퀄리티가 보장된다.

조금 더 대중적인 음식으로 예를 들어보자. 국내 프랜차이즈 햄버거 시장의 분위기도 바뀌었다. 패스트푸드는 일반적으로 주문하면 즉시 완성되어 나오는 식품을 통틀어 말하지만 점점 슬로우푸드로 바뀌는 모습이다. 소비자들이 음식을 통해 경험하고자 하는 욕구가 과거와 크게 달라졌기 때문이다. 음식은 단순히 배를 채우는 수단이 아닌 하나의 문화를 경험하는 것으로 바뀌었다. 최근 햄버거 시장을 주도

하는 곳은 해외 프리미엄 브랜드다. 토종 햄버거 브랜드와 타깃층 등이 분명히 다르지만, 이들 브랜드가 국내 시장에 잇따라 진출하는 것만 봐도 분위기가 얼마나 달라졌는지 가늠해 볼 수 있다. 최근 국내에 '프리미엄'으로 무장한 미국 유명 햄버거 브랜드들이 잇따라 상륙하면서 햄버거 시장이 뜨겁게 달아오르고 있다. 이들은 포화 상태라는 말이 무색하게 출사표를 던지고 있다. 2023년 국내에 진출한 프리미엄 햄버거 브랜드는 수두룩하다. 2022년 1월 서울 송파구 잠실에 첫 매장을 연 '고든램지 버거'가 빠르게 매장 수를 늘려나가고 있는 가운데, 12월 bhc그룹도 강남역에 미국 서부 유명 햄버거 브랜드 '슈퍼두퍼' 1호점을 선보였다. 이어 한화솔루션 갤러리아부문은 미국 3대 버거 '파이브가이즈'의 국내 매장을 2023년 6월 말 오픈했다. 다양한 해외 유명 수제버거를 국내에서 맛볼 수 있게 된 데는 한국문화가 확산하면서 한국의 세계적 위상이 크게 높아진 영향이 크다. 미국과 유럽 시장에서 성공한 외식 브랜드들이 아시아에 첫 매장을 선보일 때 과거에는 일본을 지목했다면 이제는 영향력이 높은 한국을 선호하고 있다. 서울의 식문화 수준은 최근 5~6년 사이 '파인 다이닝'을 중심으로 가파른 속도로 발전하고 있다.

이들 신규 햄버거 브랜드는 과거 정크푸드로 여겨지던 인식에서 벗어나기 위해 기존 프랜차이즈 햄버거들과 거리를 두는 전략을 택하고 있다. 가격도 크게 올려 고급화 전략을 썼다. 레스토랑의 레시피를 기반으로 아보카도 등과 같은 고급 재료를 사용하고 있다. 이들 버거는 단품 하나가 저렴하게는 1만 원, 비싸게는 3만 원대에 이르는 등 고물가 시대에 부담이 될 만하다. 고든램지의 스트리트 버거는 14만 원짜리 버거 메뉴로 유명하다. 그럼에도 불구하고 '새로운 것'을 선호하는 젊은 수요층을 사로잡아 나쁘지 않은 성장세를 이어가는 중이다.

국내에 프리미엄 버거의 수요층이 두터워지기 시작한 것은 쉐이크쉑이 들어온 2010년대 중반부터다. 신선한 식재료로 주문과 동시에 바로 조리하는 문화가 정착하면서 버거도 건강한 한 끼 식사로 충분하다는 인식이 확산됐다. 여행을 가지 않고도 맛볼 수 있다는 장점에 지금은 줄을 서서 먹어도 시간이 아깝지 않은 메뉴가 됐다. 다만 당분간 신규 사업자의 진입 속 '옥석 가리기'는 이어질 것으로 관측된다. '오바마 버거'로 불리며 주목받은 미국 '굿스터프이터리GSE'는 2022년 10월, 개점한 지 5개월 만에 강남대로 상권에서 철수한 바 있다. 철수한 배경을 두고 다양한 추측이 난무했다. 쉐이크쉑 등 다른 프리미엄 버거의 가격과 비교해 GSE의 제품가가 특별히 비싼 것도 아니었는데, 폐업으로 이어지면서 업계에 충격을 안겼다. 수많은 추측 속에서 상권에 대한 문제가 제기됐다. GSE 1호점 매장이 위치한 신논현역 인근에는 SPC의 프리미엄 버거인 쉐이크쉑 매장부터 맥도날드와 롯데리아

등 기존 햄버거 프랜차이즈 등이 들어서 있어 나눠 먹기식 출혈 경쟁
이 불가피했다. 상권분석이 중요한 이유다.

```
*************************************************
                      3부
*************************************************
```

주머니가
가벼워도
쓸 돈은 쓴다

```
*************************************************
```

커피, 화장품… 끊을 수 없다면
"싼 걸로 주세요"

▒ 실속, 또 실속

경기침체로 실속형 소비성향이 강해지고 있다. 소비자들이 충동적이거나 과시적인 소비에서 벗어나 실리를 추구하는 소비 행태를 보이고 있는 것이다. 과시용 소비는 눈에 띄게 줄어든 반면 실속을 챙기는 소비 패턴이 자리 잡으며 일부 고가의 아이템을 제외하고 기본 아이템은 저가의 상품으로 구매하는 경향이 커졌다.

실속형 소비가 늘며 이득을 본 대표적 사례는 SPA(유통, 제조 일괄 의류) 브랜드다. SPA 브랜드는 생산에서 유통까지 걸리는 시간을 최대한 단축하고 제품을 다품종 소량생산해 판매한다. 남녀노소 전 연령대에 걸쳐 실용적인 제품을 생산하며, 다른 의류 브랜드 대비 가격도 저렴해 신뢰도가 높다. 실제로 토종 SPA 브랜드들은 2022년 30%대 매출 성장세를 보이며 역대 최대 매출을 기록했다. 리오프닝(경제 활동 재개)과 더불어 소비 양극화 현상이 심화하면서 가성비를 앞세운 SPA 브랜드의 약진이 두드러졌다. 이들 브랜드는 타 브랜드 대비 저렴한 가격과 높은 실용성을 갖춰, 소비자들이 지갑을 여는 데 큰 부담을 느끼지 않았다. 또 제조와 유통을 함께하는 SPA 브랜드 특성상 유행에 민감한 제품을 시장에 발 빠르게 내놓았던 것도 소비자의 호응도를 높였다. 유명 디자이너와 협업한 제품을 선보이거나 팝업스토어 등을 확대하면서 움츠렸던 소비심리에 활기를 띠웠다. SPA 브랜드의 인기와 함께 물가상승의 지속은 패션업계의 신제품 트렌드 방향도 바꿔놨다. 패션업계는 2022년 겨울 불황형 패션에 적합한 의류를 대거 쏟아냈다. 패션업체들은 재킷 하나로 충분히 겨울을 날 수 있도록 다양한 스타일의 다운재킷을 속속 선보였다. 여기에 '1+1 효과'를 내는 옷도 만들어 내기 시작했다. 하나의 아우터로 다양한 스타일을 연출할 수 있는 실용적인 옷을 선보였다. 뒤집어 입을 수 있는 '리버시블'과 소매 탈부착을 통해 두 가지 스타일 연출이 가능한 모듈형 의류를 출시해 폭발적인 인기를 끌었다.

▥ 수십만 원 하는 크림, 대체품은 없나요?

경기 불황으로 초저가 화장품 역시 큰 주목을 받았다. 고물가로 지갑이 얇아진 멋쟁이들이 저가 화장품에 눈을 돌리기 시작했다. 최근 20~30대 여성들 사이에서 이처럼 명품 브랜드의 인기 제품을 베낀 저가 브랜드 숍의 제품이 뜨고 있다. 뷰티 제품을 공유하는 유명 인터넷 카페 등에는 '저가 버전'이라는 제목으로 고가 브랜드와 저가 브랜드의 제품을 비교 분석하는 글들이 인기를 끌고 있다. 주로 색조제품의 후기가 많은데, 제품의 구성과 발색력, 가루 날림, 지속력 등을 꼼꼼히 비교하고 분석한다. 올렸다 하면 해당 글의 조회수는 수천 건 이상으로 오르는 등 대박을 친다. 아예 뷰티 유튜버들은 고가 제품과 저렴이 제품을 비교해 소개하는 콘텐츠를 핵심으로 다루고 있기도 하다.

이를 마케팅에 적극 활용한 사례도 있다. 저가 화장품 브랜드 '미샤'는 과거 경기 불황 속 '저가 전략'을 발판으로 트렌드에 맞춘 상품을 발 빠르게 출시하며 성장세를 이어갔다. 한류 열풍까지 더해지며 중국인 단체 관광객과 보따리상들이 상품을 '싹쓸이'하면서 힘을 보탰다. 그 중심에는 '저가 마케팅'이 있었다. 제품의 자신감을 앞세워 해외 유명 브랜드 제품과 비교 마케팅을 펼쳤다. 실속파 소비자를 겨냥해, 고가 제품과 효능은 비슷하지만 가격은 절반에도 미치지 않는 제

184

품들을 홍보하기 시작했다. 미샤가 '부담 없이 경험하고 냉정하게 평가하자'라는 슬로건을 내걸고 '1+1 프로모션'을 진행했던 사례를 살펴보자. 이 캠페인을 통해 미샤는 다른 브랜드들과 견주어도 뒤떨어지지 않는 제품이라는 것을 품질을 통해 입증하려 했다. 한 달 후에는 두 번째 캠페인 'I'm Missha'를 시작했다. 다음 비교 대상은 SK-II였다. 비교 대상인 SK-II 제품의 빈 병을 가져오면 그 제품의 비교 대상인 미샤의 에센스를 공짜로 주는 파격적인 이벤트도 실시했다. 비교 마케팅 전략은 소비자의 인식이 변하면서 크게 먹혔다. 무조건 고가 브랜드를 선호하던 소비자들도 "고가 브랜드가 아니더라도 효능만 좋다면 괜찮다"라는 식으로 생각이 차츰 바뀌기 시작하면서 매출 상승 효과를 톡톡히 봤다.

고가 브랜드를 고집하지 않는 사례는 갈수록 늘고 있다. 그 가운데 하나가 커피다. 저가 커피 역시 물가상승이 키운 빠질 수 없는 소비 트렌드로 승승장구하고 있다. 실제로 현재 신생 커피 브랜드들은 무섭게 성장하고 있다. 점유율 1위 '이디야커피'가 약 3,500개의 매장을 운영하고 있는 가운데, 후발 주자 '메가커피'와 '컴포즈커피'가 각각 2,000개, 1,720개, '빽다방'과 '더벤티'도 1,000개 이상의 가맹점을 운영하며 빠르게 뒤쫓고 있는 상황이다. 불과 2~3년 전까지만 해도 스타벅스, 투썸 등의 대형 커피전문점이 많이 생겼다면, 이제는 비슷한 저가 커피 브랜드가 이 시장을 장악하고 있다.

▨ 무조건 팔리는 문구: 할인, 1+1, 대용량

물가상승세가 지속되면서 일정 금액을 또박또박 할인받을 수 있는 구독 쿠폰 이용자가 늘고 있다. 반드시 소비를 해야 하는 품목이라면 기왕이면 알뜰하게 소비하자는 생각이 지배하면서다. 편의점의 구독 쿠폰 서비스가 대표적이다. 구독 쿠폰은 도시락이나 샐러드, 원두커피 등 원하는 제품을 선택해 월 구독료를 결제하면 정해진 횟수만큼 할인받을 수 있는 서비스다. 유통업계에 따르면 2023년 1월 1주차 편의점 4사의 평균 컵라면 매출 신장률은 전년에 비해 36.5% 증가했다. 외식 물가 상승에 무지출 챌린지 등의 영향으로 한 끼 식사 대용 카테고리 매출이 급성장한 2022년 7월부터 이어지고 있는 현상이다. 특히 2023년에는 컵라면을 비롯한 간편식의 매출 신장률이 도시락 매출 신장률을 넘어섰다. 이 기간 CU의 컵라면과 주먹밥 매출 신장률은 29.6%로 도시락 매출 신장률(12.9%)의 2배 이상이었다. 경쟁사 GS25와 세븐일레븐의 컵라면 매출 신장률은 각각 53%, 40%에 달했다.

그런가 하면 유통업계에서는 '1+1', '2+1' 등과 같이 덤을 증정하는 행사 상품도 인기를 끌고 있다. 유통사는 '1+1' 이벤트로 집객몰이에 나섰다. 소비자에게 할인 혜택을 주면서 재고 부담도 낮출 수 있는 데다, 제품을 알리는 초기 마케팅으로 많이 판매할 수 있어서다. 실제로 2022년 말 열린 이마트 쓱세일에서는 전 품목 '1+1' 덤 증정 행사를 진행해 세제, 제지, 치약, 샴푸 등의 생활용품 매출이 전년 같은 기간 대비 4배에서 많게는 7배까지 상승했다. 고물가의 영향으로 대용량 제품도 인기다. 수년 전까지만 해도 유통업계의 최대 화두는 '1인 가구'였다. 소용량과 소분 판매가 대세를 이뤘지만, 최근의 경기 불황은 소비 습관마저 바꿔놓았다. 신선함을 우선시했던 소비자들은 용량 대비 가격대가 저렴한 대용량으로 눈을 돌렸다. 물가가 급등하면서 소용량 제품보다 단위당 가격이 싼 대용량 제품에 손을 내미는 소비자가 늘었다. '불황형 소비'가 유통채널 전반으로 확산하고 있다는 게 업계의 시각이다.

고물가 현상은 소비자들이 가성비 좋은 상품에 눈을 돌리게 만들었다. 같은 가격이라면 양이 더 많거나, 사은품을 제공하는 상품을 구매함으로써 체감하는 부담이라도 덜어내는 쪽으로 소비 방향이 바뀐 것이다. 한 예로 일반 삼각김밥은 평균 110g의 용량에 가격은 1,100~1,200원이다. 밥 반 공기 용량으로, 보통 간식용으로 소비된다. 대용량 삼각김밥은 밥 한 공기에 맞먹는 160~210g으로, 1,400~1,700

원에 판매된다. 식사 대용으로 구매하는 이가 많다. 대용량 삼각김밥은 일반 삼각김밥보다 10g당 가격이 25~30% 저렴하다. 한 끼를 손쉽게 때울 수 있어 인기가 높다.

업계에서는 이 같은 소비 흐름을 읽고 저마다 대응책 마련에 고심하는 분위기다. 전국 단위 최저가 상품을 손쉽게 검색할 수 있는 온라인 시장에 견줄 만큼 대용량 상품, 가성비 상품으로 소비자의 이목을 끌려는 심산이다. 주류업계도 가세했다. 주류업계에서는 오비맥주가 2022년 여름 버드와이저 740㎖ 대용량 상품으로 품절 대란을 일으켰다. 편의점에서 500㎖ 상품 기준 '4캔 1만 원'으로 통용되던 맥주 가격이 일제히 인상되자 소비자들이 대용량 상품인 버드와이저를 대거 구매하면서 뜨거운 호응을 얻었다. 이에 오비맥주는 아예 가정 시장을 겨냥한 대용량 제품을 따로 만들었다. 2022년 9월에는 2ℓ 용량의 '카스 2.0 메가 페트'를 출시하고 판매에 나섰다. 이에 질세라 경쟁사 하이트진로도 움직였다. 같은 시기 1.9ℓ 용량의 '테라 페트'를 선보여 전국 슈퍼마켓에서 판매를 시작했다. 현재 테라 페트 제품은 1ℓ, 1.6ℓ를 포함해 총 3종이 출시됐다. 이런 흐름은 제과업계에서도 포착되기 시작했다. 오리온은 최근 소비자가 집에서 보내는 시간이 늘고 있는 가운데 '온 가족이 오래 맛있게 즐길 수 있는 과자'를 찾는 수요가 커진 점에 주목해 대용량 스낵 제품을 선보였다. 기존 사이즈 대비 3배 이상 용량을 늘리고, 입구에 지퍼를 부착했다. 손쉽게 밀봉이 가능해 더욱 오래 제품의 바삭함을 유지할 수 있도록 했다. 그 결과 꼬북칩, 오!감자, 썬 등 대용량 지퍼백 스낵은 2022년에만 100억 원의 매출을 올렸다.

향후에도 소비자들은 다양한 방법을 통해 지출을 줄여나갈 것으로 예측된다. 연초부터 '난방비 폭탄'으로 국민 부담이 커진 데 이어 올해 8월을 기점으로 일부 지역 버스, 택시 등 대중교통 요금까지 줄줄이 인상됐거나 인상을 앞두고 있어서다. 지난해 고유가로 교통비가 10% 가까이 상승, 1998년 이후 최고 상승률을 기록한 데 이어 올해는 대중교통 요금 인상으로 상승세가 지속될 것으로 전망된다. 교통비 외에 상하수도료, 쓰레기 종량제 봉투 요금 등이 인상된 지역도 있어 국민이 체감하는 물가상승의 폭은 더 클 것으로 보인다. 그럴수록 소비자의 지갑은 가성비를 향할 것이다.

슈퍼저출산에도
명품 아동복은 대호황

▓ 저출산과 불황에도 성장하는 산업

해마다 출산율은 감소하지만 아이러니하게도 아동을 대상으로 하는 키즈 시장은 산업의 핵심 존재로 떠오르고 있다. 이는 자녀를 하나만 낳고, 소비를 한 아이에게 집중하는 'VIB_{Very Important Baby}'족의 증가와 함께 조부모, 부모, 삼촌, 이모, 고모, 그리고 주변 지인까지 합세해 아이를 챙기는 '텐포켓(열 명의 주머니)' 현상이 시장을 키웠다. 통계청이 2023년 2월 발표한 우리나라의 2022년 합계출산율은 0.78명이다. 이는 전년보다 0.03명 줄어 1970년 통계 작성 이래 가장 낮은

에잇(8)포켓을 넘어 텐(10)포켓으로

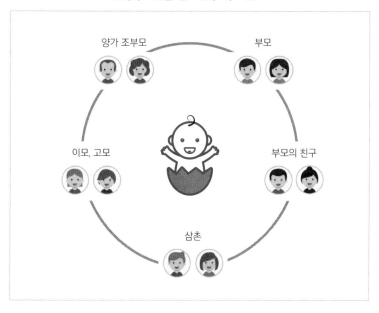

수치다. 우리나라는 2013년부터 OECD 국가 가운데 합계출산율 꼴찌를 유지하고 있다. 특히 관련 통계가 1명 미만인 나라는 한국뿐으로 나타났다. 합계출산율은 여성 1명이 평생 낳을 것으로 예상되는 평균 출생아 수를 의미한다. 합계 출산율을 시도별로 보면 서울이 0.59명으로 가장 낮았고, 이어서 부산 0.72명, 인천 0.75명 순으로 나타났다.

유통, 패션 기업들은 출생아 수가 급격히 줄어드는 흐름을 감안해 아동복 시장도 갈수록 쪼그라들 것으로 예상했다. 몇몇 기업은 아동복 매장의 수를 선제적으로 줄이고 관련 사업 규모도 축소했다. 그런 데도 예상 밖의 흐름이 이어지자 업계 관계자들은 고개를 갸웃거렸다. 최근의 저출산 흐름과 경기침체 속에서도 아동복 시장은 불황 무풍지대를 구축하고 있다. 특히 명품 아동복 시장은 해마다 고속 성장을 거듭하고 있다. 물론 아동용 명품은 예전부터 있었다. 하지만 과거와 달리 갈수록 이들을 겨냥한 '아동'의 연령대가 낮아지고 있다. 드라마만 봐도 실감할 수 있다. 넷플릭스 드라마 〈더 글로리〉 속 박연진(배우 임지연)의 딸 하예솔은 신생아 시절 배냇저고리부터 구찌를 입는다. 손바닥만 한 사이즈의 이 보디수트의 가격은 한화로 약 80만 원에 달한다. 그럼에도 극 중 예솔이의 친할머니는 박연진이 예솔이를 낳자 배냇저고리로 구찌 옷을 사 입히며 "출발점이 달라야 도착점도 다르다"라는 대사를 한다. 이처럼 드라마 속 예솔이의 패션 아이템은 전부 고가다. 초등학교 1학년으로 성장한 예솔이가 하굣길에 메고 나온 '란도셀(일본 책가방 브랜드)' 스타일의 책가방도 30만 원으로, 일반적인 또래 아이들의 가방 대비 고가인 것으로 확인됐다.

그렇다면 아동용 명품은 언제부터 흥하기 시작했을까. 글로벌 럭셔리 브랜드들이 국내 아동용 명품 시장에서 경쟁 구도를 형성한 건 비교적 최근이다. 버버리 등의 브랜드가 일찌감치 1988년부터 키즈 라인을 생산하고 있었지만, 본격적으로 국내에 론칭한 건 2010년대

들어서다. 구찌나 펜디 등은 2010년대 초반에 국내 시장을 거냥했다. 구찌는 2011년 롯데백화점 본점에 홍콩에 이어 두 번째 키즈 단독 매장을 오픈했다. 이후 2010년대 후반기엔 지방시, 몽클레르, 겐조 등이 들어왔다. 이어 루이비통이 2023년 3월 들어 전 세계 일부 매장에 베이비 컬렉션을 동시에 출시하며 'VIB' 업계 경쟁에 다시 한번 불을 붙였다. 일찌감치 버버리 등은 1980년대부터 키즈 라인을 생산했지만 영유아보다는 5세 이상의 아동을 위한 제품에 주력했다. 그러나 루이비통은 조금 더 어린 아이들의 제품을 내놓기 시작했다. 2023년 초 선보인 베이비 컬렉션은 명품 브랜드 최초로 '3~12개월' 아기를 위한 패션잡화를 집중적으로 선보였다. 기존의 아동용 명품이 만 5세에서 13세 아이들을 위한 제품군 생산에 주력했다면, 이젠 100일만 갓 지나도 입을 수 있는 명품 옷이 쏟아지기 시작한 것이다. 생애 첫 명품 소비 시점이 점점 더 빨라진다는 의미는 아이에게 명품을 사주는 부모들이 늘어났다는 의미로 해석된다.

명품 키즈 브랜드의 고성장은 아동복 시장도 급성장시켰다. 한국 섬유산업연합회에 따르면 국내 아동복 시장의 규모는 2020년 9,120억 원에서 2022년 1조 2,016억 원으로 31.75% 성장했다. 같은 기간 국내 전체 패션 시장은 40조 3,228억 원에서 45조 7,789억 원으로 13.53% 확대되는 데 그쳤다. 아동복 시장의 성장세가 전체 패션 시장의 2배가 넘는다. 고가 아동복 시장이 급성장했기 때문이다.

아동 명품 트렌드 확산에 국내 백화점들도 대응에 나섰다. 롯데백화점은 본점과 잠실점 등을 중심으로 지방시, 펜디, 겐조 키즈 라인에 힘을 주고 있고, 신세계백화점은 2023년 2월 강남점에 프랑스 럭셔리 유아동 브랜드 아뜰리에슈를 국내 최초로 들여왔다. 신세계는 100~200만 원대의 명품 유모차로 알려진 부가부, 스토케 매장을 지금보다 1.5배 넓게 확장하기로 했다. 현대백화점은 2022년 11월 판교점에서 톰브라운 키즈 팝업 스토어를 연 데 이어, 다음 해 2월에는 압구정 본점에 베이비 디올 매장을 운영했다. 이 밖에도 지방시, 펜디, 몽클레르 키즈와 함께 고가의 수입 의류 편집 숍인 리틀그라운, 한스타일키즈, 매직에디션 등이 아동 명품을 강화하고 있다. 국내 준명품 패션업체들도 이에 대응해 고가의 제품을 내놓는 분위기다. 닥스와 빈폴, 헤지스 등은 키즈 라인에서 책가방과 보조 가방, 고급 실내화 등을 판매하고 있다.

▥ 명품 vs 중저가, 키즈산업의 승자는?

콧대 높은 명품 시장이 아동복 시장에 눈을 돌린 이유는 무엇일까.

바로 저출산이 지속된 만큼 아이를 명품처럼 귀하게 키우려는 부모의 마음을 꿰뚫은 것이다. 부모들은 자녀들의 건강과 안전을 최우선으로 생각하기 때문에 아이들에게 좋은 옷을 입히려는 경향이 크다. 명품은 유행을 타지 않는 데다, 품질과 디자인 면에서 우수하다. 게다가 아동복은 성인복에 비해 재료나 디자인 등의 제작 비용이 낮다. 생산자 입장에서는 아동복을 통해 수익을 창출하는 것이 경제적으로 유리할 수 있다.

무엇보다 아동 1인당 소비 금액이 늘어났다. 1980년대에서 2000년대 사이에 태어난 밀레니얼세대가 부모가 되면서, 아동복 시장의 판도를 바꿔놨다. 나를 위한 소비에 적극적인 MZ세대가 자녀를 위해서도 아낌없이 지갑을 열면서 고가 브랜드들이 아동복 시장을 주도하게 됐다. 나를 위한 소비를 중요하게 생각하는 만큼 아이의 취향과 패션에도 신경을 쓰게 된 것이다.

명품업계는 더 좋은 소재, 더 좋은 디자인을 입히고자 하는 부모의 욕구를 놓치지 않았다. SNS상에 떠도는, 아이와 함께 스타일을 맞춰서 입는 이른바 '패밀리룩', '미니미룩'의 트렌드가 더 강해지고 있다는 것도 아동복 시장을 확대하는 요인으로 작용했다. 부모가 즐겨 입는 브랜드의 아동복을 찾는 수요가 그만큼 늘었다는 점에 주목했다.

이런 사이 중저가 아동복 브랜드의 입지는 흔들리기 시작했다.

2014년, 한국 최초의 유아복 전문업체 아가방앤컴퍼니는 중국 의류업체인 랑시그룹에 매각됐다. 또 아가방앤컴퍼니와 함께 국내 대표 아동복 기업으로 꼽히던 제로투세븐도 지난 2018년부터 경쟁업체들보다 한발 앞서 오프라인 사업 축소 및 온라인 전환에 착수했다. 그해 코오롱FnC 역시 첫 아동복 브랜드 리틀클로젯을 철수하기도 했다. 이는 자녀 수가 줄면서 한 아이에 대한 부모의 애착이 훨씬 강해진 결과로 풀이된다. 과거에는 형제자매의 옷을 물려 입는 것이 당연할 일로 여겨졌지만 소수의 자녀에게 의류, 교육 등을 아낌없이 투자하는 현상이 일어나면서 중저가 아동복 시장은 힘을 잃게 됐다. 아동복 시장의 역설은 인구 감소 시대의 산업 변화가 예상과 달리 흘러갈 수 있음을 보여주는 대표 사례가 됐다.

▓ 어린이는 현재의 고객이자 미래의 고객

여자 어린이들에게 있어서 어린 시절 엄마는 닮고 싶은 대상이었다. 이 때문에 엄마가 사용하는 화장품 하나까지도 관심의 대상에 속했다. 엄마가 외출한 틈을 타 화장품을 찍어 바르고 구두를 꺼내 신으며 거울 앞에서 다양한 포즈를 취하던 기억 하나쯤은 누구나 갖고 있을 법하다. 이렇게 어른 흉내를 내는 '어른 같은 아이'를 두고 어덜트 Adult(어른)와 키즈Kids(아이)를 합쳐 '어덜키즈Adulkids'라 부른다.

어덜키즈가 가장 눈에 띄게 드러나는 분야는 바로 미용이다. 여성들의 전유물로 여겨지던 뷰티 시장이 어린이 시장으로 대폭 확장되고 있다. 인터넷 검색창에 '어린이 화장품'을 검색하면 화장품 모양의 장난감뿐 아니라 실제로 어린이들이 사용할 수 있는 코스메틱 브랜드와 제품이 다양하게 나타난다. 유튜브와 인스타그램 등에서도 '어린이 뷰티, 메이크업' 콘텐츠가 급상승하고 있다.

기업들은 어린이 화장품에 대한 대중의 관심이 높아지자 아이들도 안심하고 사용할 수 있는 성분의 화장품을 잇따라 출시하고 있다. 선 팩트를 포함해 립스틱, 네일 제품, 마스크 등 다양한 라인업으로 구성했다. 이왕 발라야 한다면 좋은 성분을 바르게 해주고 싶은 엄마의 마음을 담아 출시된 제품들이다. 성인 제품과 달리 피부에 자극이 되지 않는 것은 물론 피부 장벽 강화와 수분 공급 등 아이에게 좋은 영양성분을 담아 경쟁적으로 들고나오기 시작했다.

유튜브나 인스타그램 등 온라인 플랫폼에서도 어린이 뷰티, 메이크업 콘텐츠가 늘면서 영향력이 더 커지고 있다. 하다 못해 편의점에서도 이젠 10대들이 색조 화장품을 살 수 있는 시대가 됐다. 화장을 하고 학교에 다니는 학생들이 크게 늘자 편의점 업계는 안전하고도 저렴한 학생용 화장품을 만들어 판매하기 시작했다. 코로나19 팬데믹 기간 판매가 주춤하긴 했지만 트렌드를 가장 빨리 읽는 편의점 업계가 움직인 만큼 이 시장이 호황인 것은 분명하다. 24시간 영업과 접근성이 좋다는 장점을 활용해 판매에 나서기 시작하자, 전문 스토어가 문을 닫는 시간에 급하게 화장품이 필요한 소비자가 편의점 문을 두드렸다. 편의점은 화장품의 품질을 높이는 데 각별히 신경을 썼다. 각 사마다 인지도가 높은 화장품 브랜드와의 제휴를 통해 매출 상승 및 모객 효과를 기대하는 등 치열한 경쟁을 펼쳤다. 화장품 제조사와 손을 잡고 전용 상품을 판매하는가 하면, 화장품 스타트업 육성에 나서기도 했다.

이처럼 편의점 업계가 화장품까지 만들면서 10대 손님을 잡으려는 이유는 명확하다. 10대는 유행을 선도하고 하나의 트렌드를 이끌고 있는 주인공이기 때문이다. 현재 10대는 소비 트렌드를 개척해 나가는 하나의 구심점 역할을 하고 있다. 소득이 없다는 점에서 구매력은 다소 약하지만 한정판 제품은 오히려 과감하게 구매하는 경향이 짙다. 특히 과거의 10대가 방과 후 친구들과 분식집에서 군것질을 하며 이야기꽃을 피웠다면, 최근의 10대는 SNS를 활용해 편의점 신상품을 공유하고 이를 각자 사 먹어 본 후 인증 샷을 올리는 방식의 놀이 문화를 즐긴다. 이를 배경으로 편의점 업계는 소비력은 상대적으로 낮지만 편의점 이용 빈도가 잦은 10대들을 중장기 충성고객으로 확보하기 위해 다양한 마케팅에 열을 올리고 있다. 이들의 취향을 파악하고 관련 제품을 출시하는 사례가 늘고 있다. 향후에도 10대의 마음을 움직일 다양한 화장품은 지속적으로 출시될 것으로 보인다. 10대 고객은 현재 고객임과 동시에 보다 높은 구매력을 가진 잠재 고객이다.

▒ 가성비가 낮아도 좋으니 품질을 높여라

경기 불황과 별개로 아이들을 대상으로 한 먹거리 시장은 연일 호황이다. 내 아이에게 좋은 것만 먹이고자 하는 부모들의 마음이 시장을 키우는 동력으로 작용하고 있다. 간식 하나를 먹이더라도 영양성분 하나하나 꼼꼼하게 따져서 사 먹인다. '국민 어린이 음료'로 불리는 뽀로로 음료가 대표적이다. 팔도의 대표적인 음료인 '귀여운 내친구 뽀로로', '뽀로로 보리차' 등의 페트병(235ml) 제품은 2022년 국내에서만 약 7,809만 병이 팔렸다. 이는 판매 개수(병)를 기준으로 전년 대비 16.2% 늘어난 수준이다. 코로나19 팬데믹 이전인 2019년(약 5,804만 병)과 비교하면 무려 34.5% 증가했다. 같은 기간 만 1~12세에 해당하는 유아 인구가 528만 5,343명(2019년 12월)에서 472만 9,036명(2022년 12월)

으로 10.5% 감소한 점을 감안하면 매우 유의미한 성장세다.

아기 펭귄 뽀로로는 TV 애니메이션 시리즈 〈뽀롱뽀롱 뽀로로〉의 주인공 캐릭터다. 팔도는 뽀로로 캐릭터 라이선스 사업에 관한 지식재산권IP을 보유한 아이코닉스와 계약을 맺고 2007년 '귀여운 내친구 뽀로로'를 시작으로 다양한 맛의 음료를 출시했다. 그중에서도 귀여운 내친구 뽀로로는 출시 이후 16년째 줄곧 어린이 음료 1위의 자리를 지키고 있다는 게 관계자의 설명이다. 뽀로로 음료가 오랜 기간 큰 인기를 끌고 있는 것은 품질 경쟁력이 뒷받침된 덕분이다. 팔도는 그간 변화하는 소비 트렌드에 맞춰 지속적으로 제품력을 강화해 왔다. 맛도 다양화했다. 출시 당시엔 2종(딸기, 밀크맛)뿐이었지만 이후 사과, 블루베리, 바나나, 샤인머스캣맛을 더해 현재는 6종으로 늘었다. 건강도 생각했다. 뽀로로 보리차에는 국내산 현미와 옥수수를, 뽀로로 누룽지차에는 국내산 누룽지쌀과 결명자를 사용해 엄마의 마음을 사로잡았다. 특히 2014년에는 귀여운 내친구 뽀로로가 국내 어린이 혼합음료 중 최초로 식품의약품안전처로부터 '어린이 기호식품 품질인증'을 받았다. 어린이 식품에 적합한 식품안전, 영양, 식품첨가물 기준을 충족해 언제든 부담 없이 사 먹일 수 있도록 했다.

뽀로로 음료가 큰 인기를 끌자 식음료 업계는 '제2의 뽀뽀로 음료' 만들기에 나섰다. 아이들이 좋아할 만한 캐릭터를 앞세우는가 하면,

풍부한 영양성분을 입힌 식품을 대거 쏟아내기 시작했다. 하나를 먹이더라도 꼼꼼하게 영양성분을 따져 먹이려는 젊은 부모들의 마음까지 고려했다. 부모들이 자녀에게 좋은 것만 먹이려고 하는 이유는 자녀의 건강과 발달에 대한 책임감 때문이다. 어린아이들은 성인들에 비해 면역력이 약하고, 성장 발달 단계에 있어서 건강에 좋은 식품을 먹이는 것이 매우 중요하다. 또한, 자녀의 식습관은 성인이 되어서도 계속 유지될 가능성이 높기 때문에, 어릴 때부터 건강한 식습관을 가지도록 지도하는 것은 부모의 주된 과제이기도 하다. 이에 부모들은 자녀에게 영양가 높은 채소, 과일, 곡류, 단백질 등의 식품을 균형 있게 섭취시키고, 과도한 당분이나 지방, 인공색소와 방부제가 많은 가공식품은 가능한 한 제공하지 않으려고 노력한다.

기업들은 '아이 전용' 제품 만들기에 정성을 쏟았다. 영유아 식품 전문기업 아이배냇은 지난 2018년 이유식을 끝낸 3세 이상의 아이들을 대상으로 한 HMR 브랜드 '꼬마' 제품을 만들어 판매하다가 2023년 3월 학령기(만 6~12세) 대상 프리미엄 HMR 브랜드 '밀리'를 론칭했다. 꼬마 브랜드가 지속 성장하자 제품군을 확장하여 운영한 것이다. 아이배냇은 보다 다양한 연령별 아이들의 니즈를 충족시키고자 유아기와 학령기 라인업을 구분했다. 아이들의 연령, 기호, 입맛 등을 고려한 세분화 및 '편리미엄(편리함이 곧 프리미엄)'에 초점을 두고, 유아 및 학령기 아이들을 타깃으로 마케팅을 진행하고 있다. 일례로 이유기를 지나 더 넓은 맛의 세계를 맞게 되는 3세 이상의 아이들에게는, 올바른 식습관을 형성할 수 있도록 유아기 아이들만을 위한 순하면서도 간편한 '한 끼'를 강점으로 내세우고 있다. 반면에 최근 론칭한 '밀리'는 신체적, 정신적, 심리적인 발달이 중요한 학령기에 맞춰, 17년 경력의 베테랑 셰프의 손길에 '밀리'만의 노하우를 더해 '영양학적으로 우수하게 설계한 간편식'을 강점으로 내세웠다.

풀무원은 지난 2021년 풀무원이 보유하고 있는 김치 기술력을 활용해 키즈 김치 2종을 만들었다. 김치 문화를 이어갈 아이들을 김치와 조금 더 친숙하게 만들고, 아이들도 맛있게 즐길 수 있도록 하자는 취지에서 출시했다. 어린이용 김치는 시판되고 있는 성인용 김치와 다르게 아이들의 입맛과 건강을 고려해 순한 맛의 국내산 고춧가루를 사용하고, 토마토와 홍시 등 과일과 채소를 더해 풍성한 맛을 구현했다. 아이가 먹는 만큼 나트륨을 30% 저감해 맵거나 짜지 않도록 하고, 한입에 먹을 수 있도록 작게 제조했다. 이어 키즈 김치는 온라인과 대형마트 등 소매점을 중심으로 판매에 나섰다. 관계자에 따르면 특별한 마케팅 활동을 하지 않았지만 입소문을 타고 날개 돋친 듯 팔려나갔다. 2022년 5~12월 매출의 경우 전년도 같은 기간과 비교해 약 2.2배 성장했다.

프리미엄 영유아식 브랜드 베이비본죽도 저출산 시대의 어린이 시장을 공략해 성공한 기업으로 손꼽힌다. 지난 2019년 아이도 부담 없이 먹을 수 있는 '키즈 장조림'을 선보였다. 당시 장조림은 자사몰에서만 판매됐으나, 인기에 힘입어 2022년 12월 숍인숍 형태로 오프라인까지 판매처를 확대했다. 매장 론칭 3개월 만에 매출이 약 3배나 증가했다. 본아이에프는 키즈 수요를 고려해 키즈를 타겟으로 한 프리미엄 죽으로 브랜드를 대폭 확장하고 론칭한다는 계획이다. 2023년 4월 본아이에프는 '본죽키즈'라는 상호를 출원했다. 지정 상품은 레토르트파우치에 포장된 밥과 죽 등이 포함됐다. 시판 즉석 죽 대비 고가에 속하지만 유기농 쌀, 무항생제 육류 등 재료를 엄선해 제품을 선보일 경우 소비 수요의 증가가 시장의 성장을 이끌 것으로 전망했다.

향후에도 '골드키즈' 시장을 겨냥한 다양한 어린이 식음료 제품은 잇따라 출시될 예정이다. 자녀의 건강과 발달에 대한 책임감으로 하나를 먹이더라도 꼼꼼하게 영양성분을 따져 먹이려는 젊은 부모들의 노력이 이어지고 있기 때문이다. "우리 어릴 때와는 달라요. 요즘은 그렇게 애 키우는 집 없어요." 육아 현장에서 수없이 듣게 되는 멘트다. 부모는 똑똑해졌다. 사회생활을 거치며 터득한 모든 노하우를 아이 기르기에 쏟아부으면서 그 어느 시대보다 프로페셔널하게 육아를

수행하고 있다. 저출산 시대지만 키즈산업이 새로운 국면을 맞이하게
된 까닭이 여기에 있다.

전 세계적으로 유행하고 있는
브랜드 탈피

▥ 우유는 서울우유, 빵은 샤니?

가성비와 실속을 따지는 소비자가 늘어나며 브랜드의 중요성이 떨어지고 있다. 우유는 '서울우유', 빵은 '샤니'를 먹던 소비자가 이제는 '편의점표 우유', '마트표 빵'을 먹는 식이다. 이를 PBPrivate Brand(자체 브랜드) 상품이라고 부른다. 당초 PB 상품은 가성비 높은 제품을 찾는 소비자를 겨냥한 일종의 틈새 상품이었으나 기존의 인기 브랜드들이 연이어 가격인상에 나서는 등 고물가 기조가 이어지면서 가성비를 강조한 PB 상품이 빛을 발하기 시작했다. 업계는 PB 상품의 품목을 다양화하고 전용 매장까지 신설하면서 PB 브랜드를 고물가 시대의 '캐시카우' 상품으로 키우는 중이다.

PB 상품은 유통업체와 직접 상품을 의뢰하고 제품을 공급받기 때문에 기존에 중간업체가 있던 유통구조보다 단계가 줄고 불필요한 마케팅 비용을 최소화할 수 있다. 일반 상품 대비 저렴하게 판매할 수 있는 이유이기도 하다. 이를 위해 각 편의점 업체들은 경쟁적으로 실력 있는 중소 제조업체를 발굴해 새로운 제품을 만들고 자체 품질 인증을 거쳐 값싼 가격에 상품을 제공하고 있다. 자사 유통 매장에서만 판매하는 단독 상품이라는 점에서 소비자들을 끌어들이는 효과도 크다. 한마디로 고객의 발길을 붙잡기 위해 PB를 일종의 모객을 위한 무기로 삼은 셈이다. 중소형 업체들 입장에서도 PB 상품을 통해 지속적으로 매출을 일으켜 이익 성장에 도움을 줄 수 있어 반기는 분위기다.

최근 PB 상품은 단순히 가성비가 좋은 상품을 뛰어넘어 차별화된 상품으로 업그레이드됐다. 편의점 업계는 기존 NBNational Brand(제조업체 브랜드) 상품들과 겹치지 않는 품목을 선보이면서 편의점에서만 찾을 수 있는 상품을 내놓으려 노력하고 있다. 해당 편의점에서만 구입할 수 있는 이색 상품을 출시해 고객을 이끄는 식이다. 이들의 예상은 적중했다. 가격과 함께 개성까지 잡으니 관련 상품은 그야말로 날개 돋친 듯 팔려나갔다. 일례로 CU가 2022년 11월 차별화 스낵으로 내놓은 PB 과자 '롯데리아 양념감자'는 출시 닷새 만에 매출 1위로 등극했다. '롯데리아 양념감자'의 하루 최대 판매량이 일반 과자의 2배 수준인 2만 3,000여 개를 달성하기도 했다. 세븐일레븐의 포켓몬 PB 과자도 대박을 쳤다. 세븐일레븐은 2022년 9월 기존 제품에 포켓몬 캐릭터 서클칩(포켓몬이 그려진 동그란 모양의 칩)을 추가하는 제품 리뉴얼을 진행했다. 이후 같은 해 12월 포켓몬 PB 과자 매출(계란, 초코계란, 초코별, 딸기별)은 전년 대비 250% 늘었다.

PB 상품의 인기가 치솟자 편의점 업계는 아예 출점 전략을 새롭게 쓰기 시작했다. GS25 편의점을 운영하는 GS리테일은 2022년 11월 서울 성수동 카페거리에 PB 상품을 모은 매장 '도어투성수'를 오픈했다. 제과 브랜드 '브레디크'와 간편식 브랜드 '심플리쿡' 같은 PB 상품에 원소주, 버터맥주 같은 GS25에서만 판매하는 인기 단독 상품들로 매장을 채웠다. 낮에는 카페, 밤에는 펍Pub처럼 운영된다. 규모도 일반 편의점 대비 훨씬 넓게 구성했다. 50평대로, 외부 테라스를 포함해 30개의 시식 공간까지 갖췄다.

이 같은 노력은 업계에 다양한 변화를 불러왔다. 소비자들은 편의점에서만 판매하는 우수한 단독 상품이 많다는 인식을 갖게 됐다. 또 가격에 대한 인식 역시 바꿔놓는 계기가 됐다. 통상 편의점 업계는 다른 유통채널과 달리 '비싸다'는 인식이 강했다. 그러나 이번 기회를 통해 단순한 할인 프로모션에서 벗어나 '초저가' 상품을 지속적으로 출시하며 유통업계 내에서 포지션을 완전히 새롭게 할 수 있게 됐다. 편의점에서 물가 안정 대책을 내놓으면서 고객들은 가까운 편의점에서 편리하고 합리적인 가격에 상품을 구매할 수 있다는 사실을 알게 됐다. 편의점 상품은 대부분 소분으로 판매하기 때문에 1~2인 단위의 소형 가구도 부담 없이 이용 가능하다.

유통업계에서는 인플레이션이 지속될 경우 기업의 PB 상품이 더욱 진가를 발휘할 것으로 예상하고 있다. 경제 상황이 좋지 않을수록 상품의 트렌드는 '가성비'를 따라갈 수밖에 없기 때문이다. 과거에는 대형마트 대비 바잉파워가 떨어진다는 인식이 컸으나, 최근에는 전국 편의점 6만 개 시대가 가까워지고 있기 때문에 규모의 경제가 확보된 상황이다. 특히 직거래 등의 방식을 통해 효율도 높아져 가격 경쟁력도 커졌다.

다만 PB 상품이 반드시 저렴한 것은 아니다. 최근에는 발상을 전환해 만든 상품도 하나둘 출시되고 있다. 독자적이고도 차별화된 상품에 소비자들이 열광한다는 점에 주목해 고가로 주문해 상품을 만들고 있기도 하다. 가성비의 대명사였던 PB가 가심비까지 장착한 배경이다. 가격에만 초점을 맞춰 상품을 내놨던 기업들도 곧 문제를 깨닫고 리브랜딩에 착수하고 있다. 품질은 기존 브랜드 상품들만큼 끌어올리되 가격은 유통 과정이 줄어든 만큼 경쟁력이 있어야 한다는 인식이다. 일부 PB들은 아예 가격 경쟁을 대신해 품질에 집중하는 방식을 택했다. 가격을 낮추는 게 아닌, 같은 가격으로 프리미엄 상품을 내놓는 방식으로 소비자들을 붙잡고 있다.

▥ PB 상품의 인기는 전 세계적 현상

대형마트들도 일찌감치 PB 매장을 확대, 강화하고 있다. 편의점과 비교해 자주 쓰고, 먹고, 입는 등 구매빈도가 높고 소비자에게 가장 밀접한 생활필수품을 위주로 개발하고 있는 것이 특징이다. 식품은 물론 가전제품 등 기존에 고가라고 인식해 왔던 카테고리의 상품도 꾸준히 개발하고 있다. 저렴하게 제품을 생산할 수 있는 기업이라면 인지도와 지역을 가리지 않고 '발품을 팔아' 찾아나서며, 상품의 원가를 낮추기 위해 협력업체와 공동 개발도 진행한다.

지난 2016년 국내에 첫 PB 상품 전용 매장인 '노브랜드' 매장을 냈던 이마트는 2023년 7월 기준 230여 개의 노브랜드 매장을 운영 중이다. 이마트는 이마트와 노브랜드 매장, SSG닷컴 등 다양한 채널로 자체 PB 상품을 판매한다. 먹을거리 위주였던 상품군을 잡화, 전자기기, 가구 등으로 넓혀나가고 있다. 노브랜드가 취급하는 상품은 1,500여 개에 달한다. 반면 경쟁사 롯데마트는 간편식 위주로 강화 중이다. 2022년 10월 간편식 PB인 '요리하다'를 전면 리뉴얼했다. HMR 시장 공략을 위해 브랜드명을 제외한 콘셉트, 전략, 패키지까지 전부 바꿨다. 요리하다 전용 패키지 디자인을 모든 상품에 적용해 고객의 가시성과 편의성을 개선했다.

이처럼 PB 상품의 인기가 높아지고 있는 것은 전 세계적인 현상이다. 국경 없는 인플레이션 공습에 미국과 유럽의 유통기업들의 PB 상품 비중 역시 50%를 상회할 정도다. 실제로 미국의 알디(82%), 트레이더 조(58%), 웨그먼스(52%), 코스트코(33%) 등의 PB 상품 비중은 상당히 높다. 미국 최대 전자상거래 업체 아마존은 의류 및 잡화, 화장품, 헬스케어, 식음료 등 약 7,000개의 PB 상품을 선보이고 있다. 유럽에서도 PB 상품의 수요는 높다. 유럽 국가 중 유통망 내 PB 상품 점유율 1위를 기록한 스위스가 대표적이다. 스위스의 PB 상품은 가격 경쟁력과 함께 다양성에 방점을 두고 있다. 독일에서는 소비재 시장 매출 중 PB 상품의 비중이 40%를 넘는다. 2023년 7월 대한무역투자진흥공사(코트라)가 발표한 '독일, 고물가 대응으로 주목되는 PB 소비 트렌드'에 따르면 독일에서는 유기농 및 비건 제품과 같은 지속가능성, 친환경에 중점을 둔 프리미엄 PB 브랜드가 늘어나고 있다.

▒ 멀고 불편해도 창고형 매장을 찾는 이유

고물가가 지속되자 대형마트 업계를 중심으로 또다시 출점 전략이 바뀌었다. PB 전문 매장을 넘어 '창고형 할인점'으로 방향이 업그레이드된 것이다. 코로나19 이후 생필품과 식료품을 한꺼번에 대량으로 구매하는 분위기가 확산된 데다, 높은 물가에 가성비 소비가 각광받으면서다. 온라인 전환 등으로 대형마트 오프라인 지점이 매년 줄어들고 있지만 창고형 할인점 점포는 증가하는 추세다. 이마트, 홈플러스, 롯데마트는 2010년대 중후반까지 승승장구하며 확장일로를 걷다가 온라인 쇼핑이 보편화되면서 성장이 둔화되고 구조조정 수순을 밟아왔다. 기존에는 '대용량 상품=코스트코'라는 인식이 절대적이었지만, 이제는 옛말이 됐다. 국내 유통업체들이 나름의 경쟁력을 앞세워 이 시장을 빠르게 키워나가고 있다. 오프라인 점포들이 온라인 채널에 밀리며 부진한 가운데 창고형 할인점이 새로운 대안으로 거듭났다.

그간 대형마트 업계는 위기를 겪어왔다. 내수 침체로 인한 경기 불황과 온라인 쇼핑 시장의 급성장이 원인으로 손꼽힌다. 경기 둔화에 따른 소비 침체, 1인 가구의 증가, 편의점으로의 고객 이탈, 의무 휴업 등 각종 악재가 커지면서 어려움을 겪었다. 하지만 매장 리뉴얼을 통한 체질 개선과 함께 수익성이 없는 매장은 과감히 정리하는 구조조정도 불사하는 등 생존을 위한 전략 구상과 이행으로 상황을 반전시키고 있다. 상품 구색 강화 등 오프라인 점포의 강점을 극대화한 새로운 형태의 대형마트로 빠르게 진화 중이다. 그중 하나가 창고형 마트다. 1인 가구를 겨냥한 매장과 상품이 많아지고 있지만, 창고형 할인점은 '대용량+낮은가격'이라는 고유한 특성으로 타 업태는 따라 할 수 없는 필살기를 두고 있다.

롯데마트는 2022년 실적 부진을 만회하는 '히든카드'로 창고형 할인점 '맥스'를 앞세워 본격적인 '리부팅'에 나섰다. 철수 위기였던 창고형 할인점 빅마켓을 '롯데마트 맥스'라는 이름으로 바꾸고, 이마트 트레이더스와 코스트코가 진출해 있지 않은 호남 지역을 공략하기 시작했다. 지방 중심의 비경합 지역을 시작으로 경쟁력을 높이는 데 속도를 내는 한편, 개점 효과를 분석한 뒤 2023년부터 수도권에도 본격적으로 진입한다는 포부를 세웠다. 이와 함께 2020년에는 창립 후 처음으로 희망퇴직도 시행했다. 덩치는 줄이고 내실은 다지며 체력을 키운 롯데마트는 창고형 할인점 사업을 돌파구로 삼았다.

창고형 매장의 강자인 이마트 트레이더스는 매년 성장세를 보이고 있다. 코스트코가 창고형 할인 매장으로 장기간 독보적인 위치를 점하는 상황에서 시장의 판도를 바꾸며 반전을 꾀한 것이다. 트레이더스는 코스트코 특유의 진열 방식과 제품 구색, 가격, 푸드코트 운영 등을 모방했지만 코스트코와 달리 오픈형으로 회원 가입 없이 누구나 이용할 수 있도록 개방하면서 승승장구했다. 코스트코를 벤치마킹하되 불편하다고 여겨지는 부분은 차별화한 점이 주효했다. 이마트는 트레이더스의 꾸준한 확장 전략을 이어나간다는 계획이다. 이마트는 2023년에도 이마트 트레이더스 추가 출점을 준비 중이다. 2023년 7월 1일 기준 21개 매장을 운영 중인데, 2025년까지 5개 지점을 추가로 확충할 예정이다.

경쟁사 홈플러스 역시 '홈플러스 스페셜'이라는 브랜드로 창고형 할인점을 운영 중이다. 이 매장을 통해 대용량 상품을 선보이며 싼값에 대량으로 상품을 구매할 수 있도록 하고 있다. 2022년 12월 말 기준 총 11개 점포를 보유하고 있다. 홈플러스는 2022년 창고형 할인점을 추가로 출점하거나 기존 점포를 창고형 할인점으로 전환하는 대신 기존 대형마트 점포를 리뉴얼해 기존 점포의 경쟁력을 강화하는 데 집중하기로 했다. 2022년 인천 간석점의 리뉴얼 오픈을 시작으로 다음 해 1월까지 총 17개의 점포를 새롭게 리뉴얼 오픈했다.

PB 상품과 창고형 매장이 우리에게 주는 교훈은 무엇일까? 가격을 위해서라면 소비자는 브랜드도, 편리함도 버릴 준비가 되어있다는 것이다. 유통업계는 이를 잘 파악하고 그에 맞는 전략을 실행 중이다.

가격을 내리는 대신 소비자는 어디까지를 감내할 것인가. 그 경계선을 찾아내는 '밀당'이 필요하다.

사라지는 충성고객,
늘어나는 체리피커

▓ 캐시워크, 애니핏… 앱테크의 등장

경제 상황이 어렵고, 쉽게 나아질 거라고 기대하기도 어려운 요즘 '티끌 모아 티끌'식의 '앱테크(애플리케이션+재테크)'도 유행이다. 앱테크는 모바일 앱을 통해 걷기, 설문조사, 리뷰 등의 과제를 수행하고 그 대가로 포인트나 현금, 쿠폰을 등을 받는 것을 말한다. 한 번 참여할 때마다 10~100원 단위의 소액 보상이 지급돼, 버려진 종이를 고물상에 팔아 수익을 낸다는 의미인 '디지털 폐지 줍기'로 낮춰 불리기도 하지만, 생활비를 조금이라도 아끼려는 2030세대에게는 이마저도 재테크 수단으로 주목받고 있다. 스마트폰만 있으면 남녀노소 쉽게 수익을 얻을 수 있어 각광받고 있다. 취업사이트 인크루트가 2023년 3월 성인 남녀 1,707명을 대상으로 조사한 결과, 4명 중 3명이 재테크가 가능한 앱을 이용하고 있었다. 이들은 자투리 시간 내 생산적 활동(32.3%), 소액 저축(30.1%), 생활비 절약(19.0%) 등을 이유로 꼽았다.

40대 직장인 A 씨는 매일 점심을 먹고 회사 주변을 걷는다. 스마트폰 만보기로 1만 걸음을 채우기 위해서다. 이렇게 1만 보를 걸으면 앱을 통해 하루 최대 100원이 들어온다. 하루도 빼놓지 않고 100원씩 모으는 게 A 씨의 목표다. A 씨는 "커피값이 너무 많이 올랐는데 걷기만 해도, 한 달에 커피 한 잔의 값을 모을 수 있어서 좋다"라고 했다. 걸음 수에 따라 포인트가 쌓이는 앱도 등장했다. '캐시워크', 삼성화재 '애니핏' 등이 대표적이다. 캐시워크는 100걸음당 1포인트(캐시)씩 하루 최대 100포인트, 애니핏은 8,000보를 걸으면 100원을 적립해 준다. 포인트를 모으면 스타벅스 커피 등을 살 수 있는 쿠폰으로 바꿀 수 있다. 이런 시대에는 보험료도 부담인데, 많이 걸으면 보험료를 할인해 주는 서비스도 등장했다. KB손해보험의 자동차보험 '걸음 수 할인 특약'은 하루 5,000보 이상, 최소 50일(90일 중)을 달성하면 보험료를 3% 할인해 준다. 목표를 정하고 이를 달성하면 인센티브를 주는 앱 '챌린저스'도 운동에 활용하기 좋다. 의지가 약한 사람에게 더 효과가 있다. 도

앱테크 월 평균 수익

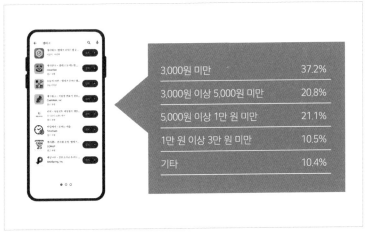

3,000원 미만	37.2%
3,000원 이상 5,000원 미만	20.8%
5,000원 이상 1만 원 미만	21.1%
1만 원 이상 3만 원 미만	10.5%
기타	10.4%

출처: 인크루트

전을 시작할 때 통상 1만 원 정도의 돈을 걸고, 목표를 달성하지 못하면 돈을 잃을 수 있기 때문이다. 성공하면 낸 돈을 돌려받는 것에 더해 실패자들이 잃은 돈을 성공자들이 나눠 갖는다. 때때로 이벤트를 통해 성공 인센티브를 더 주기도 한다.

각종 설문조사 응답이나 광고 시청으로 포인트 획득이 가능한 앱도 등장했다. 퀴즈를 맞히면 최대 1만 원까지 보상해 주는 이벤트도 재미가 쏠쏠하다. '오베이'는 제휴사 설문조사에 응할 경우 최대 1,000원까지 포인트로 지급한다. 쌓인 포인트는 프랜차이즈 카페에서 커피나 디저트 기프티콘 등을 구매하는 데 사용할 수 있다. 1만 원 이상이 모이면 현금으로 출금도 가능하다. 최근엔 '상테크(상품권 재테크)'도 입소문을 타고 있다. 상테크는 상품권을 카드로 정가보다 저렴하게 구매해서 카드 실적만 채우고 되파는 방법이다. 상품권의 재판매 가격을 고려하면 큰돈을 만지긴 어렵지만 카드 실적을 채워서 환급액을 받으면 남는 장사다. 상품권도 전월 실적으로 인정해 2%를 환급해 주는 카드가 상테크 카드로 인기다. 재테크 커뮤니티에서는 주로 신규 이벤트를 하는 카드를 통해 상테크를 하는 걸 추천하는 편이다.

인플레이션 시대에 쿠폰만큼 고마운 선물은 없다. 쏠쏠한 쿠폰을 받기에는 금융사들이 경쟁적으로 회원을 모집하는 '마이데이터'가 꽤 유용하다. 마이데이터는 여러 금융사에 흩어진 개인의 금융 정보를 한 플랫폼에 모아, 이용자에게 맞는 금융 상품을 추천하는 서비스다. 신규 가입 고객에게 포인트를 얹어주거나, 커피 쿠폰을 주는 식이다. 몇 군데에만 가입해도 용돈벌이로 쏠쏠하다.

이렇게 소소한 할인과 쿠폰이 인기를 얻는 현상을 어떻게 해석해야 할까? 이는 소비자가 작은 혜택에도 민감해졌다는 것, 그리고 그 혜택을 위해서라면 귀찮음을 감수한다는 것을 의미한다. 특정 기업의 충성고객이 되기보다는 나에게 이득이 된다면 언제든 떠날 수 있는 철새 고객이 되겠다는 신호다.

▥ 이득만 쏙쏙 따라다니는 체리슈머

최근 현명하고 알뜰하게 소비하려는 '체리슈머'가 늘고 있다. 체리슈머란 체리피커Cherry Picker와 소비자Consumer의 합성어로 효율적이고 전략적인 소비를 추구하는 소비자를 말한다. 과거 체리피커가 케이크에 올려진 체리만 빼먹듯 자신의 이득만 챙기는 얄미운 소비자를 뜻했다면, 체리슈머는 조금 더 진일보한 의미를 담고 있다. 남에게 피해를 끼치지 않는 선에서 합리적인 소비를 하는 소비자를 일컫기 때문이다. 글로벌 경기 불황이 지속되면서 소비에 있어서도 새로운 트렌드가 감지되고 있다. 기존에 '짠테크', '무지출 챌린지족'이 아예 지갑을 닫는 쪽을 택했다면, 체리슈머는 원하는 제품이 있다면 자신의 상황에 따라 계획적으로 기꺼이 소비한다는 점에서 차이가 있다.

체리슈머의 가장 큰 특징은 '조각 소비'를 한다는 점이다. 코로나19로 집에서 머무는 시간이 많아지면서 대용량 제품들을 구매했던 소비자가 늘어났던 것도 잠시, 물가가 오르면서 이제는 자신이 필요한 만큼만 소비하는 패턴이 뚜렷해졌다. 식재료도, 생활용품도 필요한 만큼만 구매한다. 1인 가구에서만 볼 수 있었던 소비 패턴이 이제는 하나의 소비 트렌드가 된 것이다. 만약 대량으로 구매할 일이 생긴다면 함께 구매할 사람들을 모은다. 일명 '공동구매(공구)'를 한다. 공구는 단체로 구입하기 때문에 대량구매로 인한 가격 할인을 누릴 수 있다. 그들의 지갑은 절대 쉽게 열리지 않는다. 똑똑하고 창의적으로 소비하는 이들은 사전에 무료로 제품을 제공받아 사용해 보고 지속적인 구매 여부를 결정한다.

유통업계는 이런 흐름을 일찌감치 감지했다. 불황과 함께 체리슈머가 시장을 주도하고 있는 것을 보고 이들을 공략하기 위한 마케팅에 속력을 내기 시작했다. 대형마트 업계에서는 1+1 행사는 물론, 과대포장을 없애고, 필요한 만큼 구입해 사용할 수 있도록 소용량 상품을 대폭 늘렸다. 체리슈머의 지갑을 열기 위해서다. 가장 돋보이는 곳은 이커머스 업계다. 이들은 멤버십 회원제 혜택을 극대화하는 것을 넘어 독점 콘텐츠 등을 제공해 구독식 멤버십 회원제를 연장하도록 유도하고 있다. 신세계는 2023년 6월 대규모 온오프라인 통합 멤버십, 이른바 '신세계 유니버스'를 구축한다는 목표를 세웠다. 신세계 유니버스는 회비 3만 원을 내고 가입하면 6개의 온오프라인 유통 채널에서 이 금액에 상응하는 할인이나 혜택을 주는 것을 골자로 한다. 체리슈머를 외부에 **뺏기지** 않고 '록인Lock In(고객 가두기) 전략'을 강화하겠다는 구상이다.

체리슈머의 증가는 생활 곳곳에 다양한 변화를 가져왔다. 하다 못해 조리 기기의 기능까지 업그레이드시켰다. 고물가 시대가 되면서 다양한 제품으로 이탈하는 소비자를 막기 위해 아예 하나의 제품에 여러 가지 기능을 덧붙인 강력한 주방기기를 선보이게 되는 배경이 됐다. 대표적으로 조리 기기 하나로 다양한 요리를 만들 수 있는 '멀티쿠커'가 등장했다. 코로나19로 집에서 요리를 즐기는 이른바 '홈쿡' 문화가 확산됨에 따라 기기 하나로 다양한 요리를 할 수 있는 멀티쿠커가 새로운 필수 가전으로 떠오른 것이다. 멀티쿠커는 '제2의 에어프라이어 열풍'에 빗댈 만큼 인기가 높다. 기기 하나로 국, 찜, 탕, 죽, 간편식 등 다양한 요리가 가능하다. 메뉴에 탑재된 자동조리 시스템을 기반으로 순서에 맞게 재료만 넣으면 누구나 집에서 손쉽게 다채로운 메뉴를 만들 수 있다. 최근 들어 프리미엄 기능으로 차별화한 제품이 속속 등장하고 있다. 공간을 많이 차지하지 않아 좋고 다양한 기능까지 갖추니 사지 않을 이유가 없다.

체리슈머의 등장은 뷰티업계에도 변화를 줬다. 비용 절약에 목숨을 걸던 뷰티업계는 체리슈머의 마음을 사로잡기 위해 샘플 및 트라이얼 키트 등을 마케팅 수단으로 적극 활용하기 시작했다. 코로나19 사태를 기점으로 온라인 쇼핑이 일반화되면서 체리슈머들이 다양한 애플리케이션과 플랫폼을 통해 사전에 무료로 샘플을 제공받아 사용해 보고 구매 여부를 결정하게 되면서다. 콧대 높은 대기업들은 전략을 바꿨다. '안 사도 그만'이라는 마인드를 버리고 '써보고 결정하라'

며 제품에 대한 자신감을 보여주기 시작했다. 실제로 애경산업의 화장품 브랜드 AGE20's는 자사 공식 온라인몰에서 구매 전 제품을 직접 체험할 수 있도록 샘플을 배송비 없이 무료로 제공하고 있다. 뷰티 브랜드인 네오스랩도 2022년 7월부터 공식 홈페이지에서 '트라이얼 키트'를 단돈 100원에 판매하고 있다. 핸드크림으로 유명한 탬버린즈 역시 '퍼퓸핸드 샘플 키트'를 3,000원에 판매하고 있다. 이런 마케팅은 제품에 대한 일종의 자신감의 표출로 해석할 수 있어 호응이 더 높다. 2023년에는 고물가, 고금리의 영향으로 '불황형 소비' 트렌드가 확산, 체리슈머들이 더욱 증가할 것으로 전망된다. 《트렌드 코리아》의 저자로 유명한 서울대 김난도 교수 역시 최근 2023년의 중요한 현상 중 하나로 체리슈머를 꼽았다. 앞으로도 다양한 형태의 샘플 및 트라이얼 키트를 내놓고 마케팅에 나서는 기업이 늘어날 것으로 보인다고 예측했다.

▥ 식지 않는 구독경제의 인기

불과 몇 년 전까지만 해도 '구독'은 '신문 구독' 정도에 그쳤다. 그러나 이제는 원하는 물건 무엇이든 때가 되면 또박또박 문 앞으로 배송

이 되는 편리한 시대에 살고 있다. 소비자들은 필요한 만큼 결제하고 제품과 서비스를 이용하는 구독 서비스에 열광하고 있다. 사야 할 물건을 정상 가격 대비 저렴한 가격에 확보할 수 있다는 이점이 크기 때문이다. 업체 입장에서도 장점이 많다. 보유하고 있는 다양한 제품을 소개할 수 있을 뿐 아니라 충성고객 확보를 통해 정기적인 수익을 올릴 수 있다. '구독경제'가 기업들의 새로운 대안으로 떠오른 이유다. 다만 기존에는 고객이 선택한 상품을 문 앞에 가져다주는 것을 기본으로 했다면, 최근에는 소비자가 큰 카테고리만 정하면 다양한 제품을 업체에서 직접 골라 배송하는 형태로 성장 중이다. 물건을 전달하는 방식도 정기적으로 보내주는 '배송형'뿐만 아니라 소비자가 직접 매장을 찾도록 하는 '수령형' 등으로 늘어나고 있다.

　백화점을 예로 들 수 있다. 수십 년간 좋은 먹거리를 골라 신제품 경쟁을 해온 백화점과 식품 회사는 강력한 '전문 바이어' 체제를 갖추고 있다. 이들은 최근 이 강점을 구독경제를 통해 활용하기 시작했다. 실례로 신세계백화점은 바이어가 큐레이션한 상품을 정기적으로 고객의 집으로 전달하는 방식을 시도하고 있다. 고객들이 주기적으로 구매하는 '과일'을 첫 카테고리로 선정, 서울 강남점의 근거리 배송 지역에 거주하는 VIP 고객을 대상으로 2020년 5월 서비스를 시작했다. 과일 바이어가 산지에서 품질 및 출하량을 직접 체크하므로 '과일의 맛과 신선도'를 가장 큰 강점으로 내세웠다. 신세계백화점은 2023년 초 반찬 구독 서비스로 카테고리를 확장했다. 월 4회 제철 음식과 반찬, 국, 찌개를 집에서 배송받을 수 있는 서비스다. 당초 우수고객을 대상으로 시범 운영했으나, 반응이 좋자 모든 고객으로 확대했다. 신세계는 고객과 형성된 '신뢰'를 또 다른 서비스로 제안하면서 뜨거운 호응을 얻은 하나의 성공 사례를 남겼다. 신세계백화점 관계자는 "고객이 식품을 직접 맛보지 않고 구독하는 것은 오랜 기간 형성된 신뢰 덕분에 가능했다"라며 "안목 있는 백화점 바이어가 새벽 시장에서 골라 온 상품을 받아볼 수 있다는 점을 높이 사서 고객들이 구독 서비스를 선택하고 있다"라고 전했다.

정기 구독 서비스는 식품업계에서도 주목하는 서비스 중 하나다. 롯데웰푸드(과거 롯데제과)가 대표적이다. 롯데웰푸드는 제과업계 최초로 선보인 과자 구독 '월간 과자'를 시작으로 매끼 어떤 식사를 할지 고민하는 고객들의 선택을 도와주는 푸드 큐레이션 서비스 '월간 밥상', 빵 구독 '월간 생빵' 등 다양한 구독 서비스를 운영하며 자사 몰을 통한 D2C 전략을 강화 중이다. 매월 롯데웰푸드의 인기 제품 구성을 변경하며, 그달 출시된 신제품을 추가로 증정한다. 제품 구성은 소비자가 제품을 받을 때까지 비공개로 진행된다. 이처럼 롯데웰푸드가 D2C 전략을 활용하는 이유는 소비자와의 접점을 늘리고 회사의 자체 경쟁력을 키우기 위해서다. 특히 D2C를 통해 소비자들이 기업의 소비재를 가지고 즐거운 경험을 할 수 있는 장을 만들기 위한 목적이 크다. 더욱이 자사 몰이 중간 유통 채널에 지불해야 하는 수수료를 절약할 수 있는 장점이 있어 절감한 수수료로 품질을 높일 수 있다. 다만 이러한 D2C 전략은 브랜드 인지도가 높아야 효과를 볼 수 있다. 롯데웰푸드는 소비자와의 접점을 넓히고 구독 서비스에 대한 인지도를 높이기 위해 다양한 전략을 이어가고 있다. 이종업종과 협업을 적극적으로 펼치는 것이 대표적인 예시다. 월간 과자는 최근 '스포티비 나우', '지니뮤직', '아프리카TV', '예스24' 등 다른 업체의 구독 서비스와의 컬래버레이션을 잇따라 선보여 구독자들의 관심을 끌었다.

이제는 집에서도 다양한 술을 받아보는 시대가 열렸다. 국내 최초의 전통주 구독 플랫폼인 '술담화'의 이야기도 살펴보자. 술의 취향은 사람마다 천차만별이다. 자신의 취향을 찾아가는 사람들은 모두가 흔하게 먹는 소주나 맥주보다 조금 더 특별한 술을 찾기도 한다. 그런 사람들에게 구독 서비스는 좋은 대안이다. 한 달에 한 번 전통주 소믈리에가 엄선한 전통주 2~4병을 받을 수 있는 정기 배송 서비스 '담화박스'는 4년 만에 구독자가 1만 3,000명까지 증가했다. 담화박스의 3개월 내 재신청률은 70%에 달하는데 그만큼 이 서비스에 만족하는 사람들이 많다는 뜻이기도 하다.

이처럼 정기 구독 서비스의 품목은 갈수록 다양해지고 있다. 생수, 화장지 등 과거에는 생필품에 머물렀던 것과는 사뭇 달라진 모습이다. 하다 못해 편의점의 얼음 컵까지 구독하는 시대가 왔다. 과거에는 생각지도 못했으나 소비자의 욕구와 불편함을 결합해 서비스로 만드니 대박이 났다. 이 때문에 보수적이던 주류와 프랜차이즈 업계에서도 최근에는 구독경제 서비스를 도입하는 추세다. 이처럼 관련 업체들이 일제히 구독경제 서비스에 뛰어드는 이유는 갈수록 수익성이 악화되고 있는 상황에서 정기적인 수익을 담보하고 예측할 수 있어서다. 구독경제 서비스를 시행할 경우 소비자가 경쟁사 서비스를 찾지 않는다는 것도 장점이다. 특히 큐레이션 서비스의 경우, 20~30대 젊은 연령층이 소유보다는 다양한 제품을 체험하고 공유하려 한다는 점이 긍정적 영향을 미치고 있다. 이런 점에서 앞으로도 구독 서비스는 더욱 다양화되고 세분화될 게 자명하다.

▥ 이커머스 업계의 '록인' 전략 강화

기업 입장에서 충성고객이 줄어드는 것은 큰 문제가 된다. 이 때문에 기업에서는 체리슈머를 묶어둘 방법에 대해 고민하면서 유료 멤버십을 통한 '록인'에 본격적으로 나서기 시작했다. 불특정 다수의 고객을 상대로 상품을 판매하는 방식에서 벗어나 유료 회원에게 특별한 혜택을 부여하는 멤버십 서비스를 속속 확대해 나가고 있는 것이다. 할인과 적립 위주의 일반적인 혜택은 물론이고, 경쟁사와 차별화할 수 있는 방안도 모색하고 있다. 이는 고물가로 인해 유료 멤버십 줄이기에 나선 소비자가 늘면서 업체마다 우후죽순으로 선보였던 유료 멤버십의 옥석 가리기가 본격화되면서다. 정기적인 지출에 부담을 느낀 소비자들이 불필요한 멤버십은 탈퇴하고, 가능한 한 많은 혜택을 주는 곳만 남겨두는 '멤버십 짠테크'에 나서면서 할인, 쿠폰 혜택을 넘어선 플러스알파 서비스가 필수가 됐다. 과거의 유통업체 멤버십은 백화점 등에서 VIP 고객을 중심으로 진행돼 왔으나 소비심리의 위축으로 고객의 지갑이 얇아지자 자사 고객에게 특별한 혜택을 주는 방식으로 집중 '타깃팅'을 하면서 다양한 서비스가 등장하고 있는 상황이다.

이에 이커머스 선두권 업체들 사이에서의 차별화 경쟁은 한층 치열해지고 있다. 쿠팡과 양강 구도인 네이버는 MZ세대의 공략과 함께 제휴 동맹을 늘리는 전략을 쓰고 있다. 네이버는 '플러스 멤버십'을 통해 회원 800만 명을 확보하고 있다. 네이버의 플러스 멤버십은 월 4,900원을 내면 네이버페이 최대 5% 적립을 비롯해 티빙, 클라우드 서비스, 디지털 콘텐츠 중 하나의 서비스를 제공하며 가입자를 끌어모으고 있다. 네이버는 2023년 5월 말부터 회원이 네이버 여행 상품을 구매하면 최대 5%를 네이버페이 포인트로 적립해 주는 서비스를 개시하기도 했다. 쿠팡은 가입비 월 4,900원으로 로켓배송, 쿠팡이츠 할인 등의 다양한 혜택을 선사하고 있다. 2022년 말 기준 와우 멤버십 이용자는 1,100만 명으로 확인됐다. 특히 OTT 서비스 '쿠팡플레이'를 무료로 볼 수 있는 것이 다른 유통업체의 멤버십에서 볼 수 없는 차별화 요인이다. 멤버십 회원을 대상으로 자사가 주관한 스포츠 행사를 독점 중계하는 등 다양한 콘텐츠를 선보이고 있다. 신세계그룹은 온오프라인을 아우르는 통합 멤버십인 '신세계 유니버스 클럽'을 2023년 6월 론칭했다. '신세계 유니버스 클럽'은 신세계그룹의 SSG닷컴과 G마켓 온라인 통합 멤버십 '스마일클럽'에 이마트, 신세계백화점, 스타벅스, 신세계면세점 등 오프라인 주요 계열사의 혜택까지 더한 멤버십이다. 가입비(연 3만 원)에 준하는 캐시 제공, 온오프라인 5% 할인 등의 혜택을 담았다. 최근에는 토스와의 협력 체계를 구축해 멤버십 혜택을 금융 분야까지 넓혔다. 향후에도 타 업계와의 협업을 늘려나간다는 계획이다. 관계자에 따르면 5년 내 가입자 1,000만 명 달성 목표를 세웠다. 여기에 새벽배송 플랫폼 '컬리'도 8월 1일 '컬리멤버스'를 론칭하면서 유료멤버십 전쟁에 뛰어들었다.

향후에도 이커머스 록인 전략은 더욱 치열해질 것으로 보인다. 멤버십 서비스가 범람하게 되며 고객들이 '본전을 뽑았다'고 여기는 기준이 점차 높아지고 있기 때문이다. 여느 때보다 소비자가 쉽게 떠나가는 시장 상황에서 고객을 유인하고 지속적으로 머무를 수 있도록 하기 위한 전략이 그 무엇보다 중요한 이유다.

아무리 힘들어도
놀거리는 필요하니까

▓ 길어진 청년기, 늘어난 피터팬

　불황기의 마케팅 키워드를 꼽으라면 가성비, 대용량, 생존 등이 떠오른다. 하지만 이와 반대되는 지점도 한 번쯤 살펴볼 필요가 있다. 전쟁 통에도 로맨스를 꽃피운 사람은 존재하듯 지독한 경제위기 속에서도 우리는 밥만 먹고 살 수는 없다. 인간이란 그런 존재다. 허리띠를 졸라매고 인내하는 동시에 다른 한쪽으로는 숨통을 틔우기를 원한다. 그래서 불황과 어울리지 않는 '놀거리' 분야에서도 성장세를 보이는 아이템들이 있다. 그 특징을 살펴보자.

2023년에는 '네버랜드 신드롬'을 주목해 볼 필요가 있다. 동화 속 주인공 피터팬이 어른이 되기를 거부하고 아이들만 있는 네버랜드에서 영원히 어린아이로 남아있는 내용에서 파생된 용어다. 나이보다 젊게 사는 게 하나의 미덕이 된 한국 사회를 잘 표현한 트렌드다. 과거에는 사회적으로 어른스럽지 못한 취미를 가지면 손가락질을 받았다. 이 때문에 소수의 사람들은 음지에서 조용히 취미 활동을 즐겼다. 이들을 가리켜 마니아 집단이라 칭했다. 그러나 이제는 아니다. '어른은 이래야 한다'는 기준이 달라지면서 이들을 양지로 나오게 했다. 그리고 이들을 '키덜트'라고 부르기 시작했다. 키덜트는 '키드Kid'와 '어덜트Adult'의 합성어다. 성인이 아이의 물건에 호감을 가지는 현상학적 용어다.

키덜트족이 늘어난 배경에는 팍팍한 현실과 불안한 미래 등이 꼽힌다. 각박한 현실에서 벗어나 어린 시절 행복했던 추억을 상기하며 위안을 얻고자 하는 심리가 작용했다. 또 코로나19 사태도 영향을 미쳤다. 재택근무가 정착되거나 장기화되면서 취미나 오락을 본격적으로 즐기기 시작했다. 그렇다면 대표적인 키덜트 현상은 어떤 게 있을까. 친숙한 포켓몬 캐릭터를 앞세운 '포켓몬빵'이 키덜트들의 특징을 단적으로 보여준다. SPC삼립이 2022년 2월, 과거 높은 인기를 끌었던 포켓몬빵을 새롭게 선보이자, 편의점 앞에는 이 빵을 사기 위한 대기와 오픈런이 연일 벌어졌다. 아이들을 위한 상술이라고 생각했지만 그것에 열광하는 어른들이 훨씬 더 많았다. 20년 전, 용돈 500원을 들고 애지중지 포켓몬빵을 구매했던 1980~1990년대생들이 웃돈을 주고라도 포켓몬빵을 구하러 다니기 시작했다. 포켓몬빵의 재고를 확인하기 위해 편의점 앱에서 빵을 검색하는 방법 등도 인기를 끌었다. 한때 유튜브 채널에서는 포켓몬빵의 인기를 패러디한 콘텐츠가 이목을 끌었다. 높은 인기에 품귀 현상이 빚어지자 이를 구하고 싶어 하는 소비자와 편의점 아르바이트생 사이에서 발생한 갈등을 패러디해 웃음을 자아내기도 했다.

이처럼 키덜트 시장의 성장은 전통적으로 아이들을 타깃으로 한 산업뿐 아니라 식품과 장난감 등 성인들이 소비하는 제품을 만드는 산업에도 새로운 동력을 제공하고 있다. 키덜트 시장의 성장세는 수치로도 증명됐다. 한국콘텐츠진흥원에 따르면 키덜트 시장의 규모는 2014년 5,000억 원 수준에서 2022년 1조 6,000억 원으로 3배 이상 급등했다. 전문가들은 키덜트 시장이 향후 최대 11조 원까지 성장할 것으로 내다봤다.

▥ 불황도 벗어난 네버랜드 신드롬

과거만 하더라도 키덜트는 상품을 구매하고 소장하는 그 자체에 즐거움을 느꼈다. 그러나 최근에는 '구매, 공유, 리셀'이라는 3가지 키워드를 통해 즐긴다. 예를 들어 전 세계 10개뿐인 한정판 피규어가 있다고 가정해 보자. 한 키덜트는 오픈런을 통해 몇 시간 동안 줄을 서서 해당 피규어를 구매한다. 그리고 어렵게 산 피규어를 SNS에 자랑한다. 그러면 이를 갖지 못한 사람들을 대상으로 뜨거운 호응을 얻는다. 여기서 끝이 아니다. 당근마켓이나 리셀 플랫폼을 활용해 웃돈을 얹어 판매하기도 한다. 많게는 수천만 원에 거래되기도 한다. 과거의 키덜트가 단순 소비형이었다면, 지금은 비즈니스형 키덜트로 진화하고 있는 것이다. 또한 집에서 혼자 즐기는 것이 아닌, 온오프라인을 활용해 다른 사람과 즐기고 공유하는 문화로 발전하고 있다.

대표적인 키덜트 장난감은 '레고'다. 현재 전 세계에서 판매되는 레고의 20%는 성인이 구입한다. 그렇다면 레고는 어떤 식으로 키덜트 시장을 사로잡은 걸까. 1932년 덴마크에서 문을 연 유명 장난감 회사 레고는 2000년대 초반, 부도 위기를 겪었다. 당시 레고는 사업 다각화 실패와 저출산 추세, 디지털 게임의 인기가 맞물리면서 돌파구가 필요했다. 이에 레고그룹은 어린이와 동시에 고객층을 성인으로 넓히는 전략을 택했다. 스트레스에 찌든 어른을 타깃으로 모시기 시작하면서 전화위복했다. 레고는 '블록 쌓기를 통해 마음 챙김을 하라'며 '언제든 부수고 다시 새로운 장난감을 만들 수 있다'고 홍보했다. 레고의 변신은 하루 이틀 일에 그치지 않았다. 사탕수수 레고로 만드는 꽃다발, 벚나무 등을 선보이면서 어른들의 환심을 샀다. 또 타워브리지 같은 건축물 레고부터 람보르기니, 포르쉐 등 슈퍼 카 레고까지 판매하며 키덜트족의 눈길을 잡았다.

레고의 인기는 '레테크'라는 용어까지 만들어 냈다. 최근 몇 년 사이 출시된 한정판 레고세트의 중고 가격의 상승률이 금이나 주식 투자 수익률보다 높게 나타나면서 생긴 신조어다. 레고에서 한 번 출시된 제품은 반드시 단종된다. 종류가 많아 생산 라인을 오래 유지하기 어렵다는 이유에서다. 이 때문에 "있을 때 지르라"라는 명언은 레고 팬들 사이에서 유명하다. 매장에서 구하기 힘든 한정판을 소유하려는 수요가 꾸준한 이유이기도 하다. 단종된 제품은 부르는 게 값이라고 할 정도로 가격대가 크게 치솟는다. 개봉 여부에 따라 가격 차이가 10배까지 나기도 한다. 레고는 소장 가치가 있거나 팬층이 두터울수록 가격대가 배가 된다. 미개봉 상태로 깨끗하게 보관할수록 부르는 게 값이 되기도 한다.

레고의 인기는 앞으로도 지속될 것으로 보인다. 레고그룹이 '어른도 갖고 싶은 장난감'을 지속해서 만들고 있기 때문이다. 특히 성인들은 시간을 가지고 조립하며 디자인하는 과정 자체를 즐긴다. 단순한 취미 생활을 넘어, 힐링과 휴식을 취할 수 있는 좋은 대안으로 떠오르고 있는 것이다. 또 레고는 컬렉션 주제별 세트 등 다양한 옵션이 있어 성인들이 관심 있는 분야나 테마를 선택할 수 있다. 개인의 취향과 관심사에 맞는 레고세트를 구성할 수 있어 흥미로운 경험과 만족감을 느낄 수 있다. 앞으로의 성장이 더욱 기대되는 까닭이다.

▥ 문화센터, 사모님 전유물에서 MZ세대의 놀이터로

레고가 '아이에서 어른으로' 시선을 돌려서 성공한 사례라면 이번에는 '중장년에서 청년으로' 시선을 돌린 사례가 있다. 백화점 문화센터다. 코로나19 팬데믹으로 한동안 운영에 큰 어려움을 겪어온 백화점 문화센터가 최근 개관 이래 최대 전성기를 누리며 다시금 활기를 띠고 있다. 과거와 비교해 수강생의 연령층은 대폭 낮아졌고, 수업의 종류도 전문성을 넘어 다양하게 진화 중이다. 과거 백화점 문화센터는 '부잣집 사모님'과 같이 비교적 경제적, 시간적 여유를 가진 사람들이 취미 활동 및 친분을 쌓는 장소로 여겨졌다. 강좌 역시 이들을 타깃으로 한 프로그램이 주를 이뤘다. 그러나 2000년도를 기점으로 타깃층이 대폭 확대되면서 분위기가 사뭇 달라졌다. 강좌를 듣기 위해 방문하는 연령층 자체가 젊어졌다. 경기침체의 영향으로 재테크와 자기계발에 대한 MZ세대의 관심이 높아지면서 MZ세대의 놀이터가 됐다.

국내 유통업체가 운영한 첫 문화센터는 1984년 동방프라자(현재 신세계백화점)다. 대부분 여성단체에서 4050 중년 여성을 대상으로 취미 강의를 운영해 온 것으로 전해진다. 문화센터가 요즘과 같은 체계를 갖춘 것은 1985년 현대백화점 압구정본점이 문을 연 이후다. 1988년에는 롯데백화점 등 다른 백화점들이 줄줄이 문화센터 수강생을 모집하기 시작했고, 1990년대 중반부터 시민들을 위한 셔틀버스까지 운행되기 시작하면서 본격적으로 고객 유치 경쟁이 벌어졌다. 여기에 1999년부터 백화점 대비 접근성이 좋은 대형마트까지 문화센터를 운영하기 시작하면서 시민들에게 보다 친근한 공간으로 거듭났다. 본격적으로 '문화센터 경쟁'이 뜨거워지는 배경이 됐다.

과거 문화센터 프로그램의 내용을 들여다보면, 단출하고 주부를 위한 강의가 대부분을 차지했다. 1980~1990년대에는 재봉틀, 공예, 노래교실 등이 주를 이뤘다. 다만 2000년대 들어서 남성 수강생이 늘어남에 따라 변화가 감지되기 시작했다. 격투기, 낚시 등 보다 다양한 강의들이 쏟아졌다. 이후 다양한 세대와 연령을 아우를 수 있는 강의가 개설되기 시작했다. 2010년부터는 고령화 사회가 대두되면서, 실버 전용 강의가 편성됐다. 하지만 그럼에도 여전히 문화센터는 중년 주부들의 전유물로 여겨질 만큼, 여성 친화적인 수업이 주를 이룬다는 평가가 지배적이었다.

그러나 문화센터는 문재인 정부가 들어서면서 새로운 국면을 맞았다. 주 52시간 근무제가 도입되면서부터 분위기가 바뀌었다. 2018년 MZ세대가 문화센터의 주인공으로 새롭게 떠올랐다. 퇴근 후 저녁이 있는 삶을 즐기려 문화센터를 찾는 2030 직장인이 크게 늘면서 이들의 관심사와 밀접하게 관련된 다양한 강의가 모습을 드러내기 시작했다. 쿠킹 클래스, 피아노 배우기 등 '워라밸Work & Life Balance'에 초점을 맞춘 강의가 인기를 끌었다.

본격적으로 백화점들은 고급화(프리미엄)를 키워드로 MZ세대 잡기에 속도를 내기 시작했다. 과거에는 인문학, 요리, 댄스 등 한 가지 분야에만 집중했다면 최근에는 '와인+인문학', '미술+클래식' 등 두 가지 분야를 접목한 '하이브리드형 강의'를 늘려 환심을 샀다. 나를 위한 투자에 돈을 아끼지 않고 의미 있게 시간을 보내고 싶어 하는 MZ세대의 수요를 적극 반영했다. 그렇다면 왜 백화점은 MZ세대를 겨냥했을까. 쉽게 말하면 이색 체험을 할 수 있는 문화 공간으로 점포 이미지를 탈바꿈하고 충성고객을 확보하는 차원에서의 의미가 크다. 무엇보다 백화점의 특성상 지속적인 방문객의 확보는 곧 매출로 이어진다. 강의를 들으러 온 수강생이 밥도 먹고 쇼핑도 하고 돌아간다는 것이다.

실제로 문화센터의 주 이용층은 경제적으로 자립이 가능한 30대의 이상 직장인이라 백화점은 수강생 모집, 관리 역량에 따라 간접매출을 얻는 효과를 볼 수 있다. 롯데백화점이 최근 5년(2018~2022년) 동안 문화센터 수강생의 구매 데이터를 분석한 결과 수강생이 일반 고객 대비 구매 횟수는 4배, 1인당 구매 금액(객단가)은 5배나 높은 것으로 나타났다. 전체 매출 중 수강생의 명품 구매 비중이 일반 고객 대비 5퍼센트포인트 높아 럭셔리 상품군에 대한 수요도 많았다. 최근에는 엔데믹으로 문화센터 강좌가 정상화하자 수업 전후 자연스럽게 식사와 쇼핑을 하며 백화점 매출을 견인하고 있다. 향후에도 문화센터의 인기는 지속될 것으로 보인다. 젊은 직장인의 근로시간 단축에 대한 관심사가 두드러지고 있는 데다 야근과 회식을 줄이는 분위기가 여전히 확산되고 있어서다. 무엇보다 문화센터는 3대를 한 번에 붙잡을 수 있는 콘텐츠다. 어린이 강좌를 만들면 엄마와 할머니까지 오고, 온 김에 한 번이라도 백화점을 더 둘러보고 가도록 하는 좋은 유인책이다.

불황에도
팔리는 것들의 비밀

초판 1쇄 발행 2023년 9월 30일

지 은 이   임유정
펴 낸 이   김동하
펴 낸 곳   책들의정원
출판신고   2015년 1월 14일 제2016-000120호
주   소   (10881) 경기도 파주시 산남로 5-86
문   의   (070) 7853-8600
팩   스   (02) 6020-8601
이 메 일   books-garden1@naver.com

ISBN   979-11-6416-177-5 (03320)